城市轨道交通建设精细化管理系列指南

城市轨道交通项目施工总承包精细化管理指南

中国交建南京地铁项目工程指挥部
江苏省土木建筑学会城市轨道交通建设专业委员会 组织编写

中国建筑工业出版社

图书在版编目（CIP）数据

城市轨道交通项目施工总承包精细化管理指南 / 中国交建南京地铁项目工程指挥部，江苏省土木建筑学会城市轨道交通建设专业委员会组织编写. -- 北京 ：中国建筑工业出版社，2025. 2. --（城市轨道交通建设精细化管理系列指南）. -- ISBN 978-7-112-30907-8

Ⅰ. U239. 5-62

中国国家版本馆 CIP 数据核字第 2025KA2201 号

本指南以项目精细化管理为主线，基于大型国有建筑施工总承包企业的视角，系统介绍了企业层面和项目层面的项目管理逻辑、目标和理念，在此基础上引出城市轨道交通施工总承包精细化管理的五大核心领域，分别为履约管理、运营管理、安全管理、质量管理以及市场维护管理，最后在深度思考管理现状及未来发展方向基础上，提出了大型国有建筑施工企业为实现高质量发展应在企业层面和项目层面重点考虑的问题，对相关企业具有借鉴价值。

本指南具有成熟的管理理论指导、丰富的管理实践经验以及逻辑清晰的整体架构，可供建设工程项目及城市轨道交通工程施工总承包商、建设各方、建设主管部门、高校以及科研院所等单位的人员参考使用。

责任编辑：万　李

责任校对：芦欣甜

城市轨道交通建设精细化管理系列指南

城市轨道交通项目施工总承包精细化管理指南

中国交建南京地铁项目工程指挥部
江苏省土木建筑学会城市轨道交通建设专业委员会　组织编写

*

中国建筑工业出版社出版、发行（北京海淀三里河路 9 号）

各地新华书店、建筑书店经销

北京光大印艺文化发展有限公司制版

建工社（河北）印刷有限公司印刷

*

开本：787 毫米×1092 毫米　1/16　印张：9¾　字数：240 千字

2025 年 3 月第一版　　2025 年 3 月第一次印刷

定价：**168.00** 元

ISBN 978-7-112-30907-8

（44584）

《城市轨道交通项目施工总承包精细化管理指南》

主编单位 中国交建南京地铁项目工程指挥部

江苏省土木建筑学会城市轨道交通建设专业委员会

参编单位 中国交建轨道交通事业部

中交一公局集团有限公司

中交第二公路工程局有限公司

中交第三航务工程局有限公司

中交隧道工程局有限公司

中交（广州）建设有限公司

中交机电工程局有限公司

东南大学

序　一

城市轨道交通作为现代城市公共交通的骨干，对于缓解城市交通拥堵、提升城市居民出行效率和生活品质具有重要的作用。在城市轨道交通建设过程中，精细化管理理念的引入和应用，为这一庞大而复杂的系统工程注入了强大的动力和活力，是确保工程安全和高品质建设的关键所在。

精细化管理是一种管理理念和管理方式。它以专业化为前提、系统化为保证、数据化为标准、信息化为手段，把关注的重点聚焦到满足使用的需求上。其核心是“精、准、细、严”，强调精在“数据”、细在“创新”、化在“改变”，突出用创新手段提升水平，实现目标效益的最大化。实践证明，将精细化管理贯穿于城市轨道交通规划、设计、施工及运营维护管理的全过程，能够有效优化资源配置，提高工程建设效率，降低成本，确保工程质量和安全，提升项目的整体效益和可持续发展能力，为城市轨道交通建设带来显著的经济效益和社会效益。

本套“城市轨道交通建设精细化管理系列指南”具有以下显著特点：

突出工艺精细化。工艺的精细化是确保城市轨道交通工程质量的核心要素，本系列指南旨在设计、土建、机电、系统安装和装饰装修等专业从工艺上突出精细化，突出对工艺的精准和精细控制。

突出科技创新。随着科技的不断进步和发展，城市轨道交通建设需要持续推进科技创新，用科技创新来不断解决城市轨道交通建设中面临的难题和问题。本系列指南在编写过程中，注重总结在实践中涌现出来的行之有效的新工法和新成果。

突出工程创优。创建精品工程是城市轨道交通建设的重要目标，它不仅体现在工程的外观和质量上，更涵盖了工程的功能性、安全性、可靠性等多个方面。本系列指南总结了长期创优实践中涌现出来的创优经验，通过文字和图片直观反映创建精品工程的标准和要求，为创建精品工程提供参考。

城市轨道交通建设是一项关乎城市发展和民生福祉的重大工程，我们希望本套“城市轨道交通建设精细化管理系列指南”能够成为广大城市轨道交通建设者的得力助手，为提升我国城市轨道交通建设管理水平，推动城市轨道交通事业的高质量发展贡献一份力量。同时，我们也期待着在城市轨道交通建设领域，精细化管理理念能够得到更加广泛的应用和深入的实践，为城市轨道交通的可持续发展注入新的活力。

相信在广大城市轨道交通建设者的共同努力下，我国的城市轨道交通建设事业必将迎来更加辉煌的明天！让我们携手共进，以精细化管理为引领，铸就城市轨道交通建设的新辉煌！

中国工程院院士

2024 年 10 月

序　二

城市轨道交通作为城市公共交通运输业的重要组成部分，其发展和完善对城市的发展具有十分重要的意义，是到21世纪中叶我国全面建成人民满意、保障有力、世界前列交通强国的重要环节，我国的城市轨道交通工程建设起步较晚，虽在建设体量上迅速增长，但在工程进度、安全、质量、成本等方面的管理质效仍存在很大提升空间，这就对城市轨道交通工程的管理模式提出了更高的要求。

可喜的是，近年来，南京、广州、深圳、天津、成都等城市在地铁建设中，逐步引入了施工总承包管理模式，并始终秉持创新要义不断探索与改进，取得了一定成效。在江苏省土木建筑学会城市轨道交通建设专业委员会的组织下，中国交建南京地铁项目工程指挥部联合东南大学，以城市轨道交通项目施工总承包精细化管理为主线编写了本指南，过程中邀请了行业内的多位专家进行了指导、审核、把关，为城市轨道交通工程施工总承包精细化管理提供了借鉴。

本指南凝聚了编者大量的心血，既有成熟的管理学理论作为基础，又总结凝练了南京地铁施工管理的丰富实践智慧，能够紧扣该领域建设的实际需要，突出问题导向，以实用性和操作性作为落脚点，是理论和实践深度融合的典范，可喜可贺！同时，本指南还提出了未来项目管理发展方向的思考设想，顺应了“聚焦高质量发展”新时代的要求，对推动城市轨道交通工程高质量建设以及大型国有建筑施工总承包企业可持续发展具有非常重要的指导价值。

中国工程院院士

2024年12月

前　言

为进一步提高我国城市轨道交通工程项目建设的施工总承包管理水平，实现大型项目管理从标准化、规范化到精细化的转变，为施工总承包商提供全维度指导，江苏省土木建筑学会城市轨道交通建设专业委员会和中国交建南京地铁项目工程指挥部共同组织东南大学等单位编写了本指南。

现代管理学认为，科学化管理有三个层次：第一个层次是标准化、规范化，第二个层次是精细化，第三个层次是个性化。精细化管理是我国从项目管理规范化进入社会分工精细化及服务质量精细化，最终实现管理精确化、高效化、协同化和持续化的必然之路。

本指南以城市轨道交通工程建设中积累的施工总承包精细化管理经验为核心，广泛调研了其他城市先进做法，梳理了国家相关法律法规及标准，基于施工总承包管理的视角，结合融合、穿透的管理理念，将追求精细化的卓越绩效管理模式贯穿融入项目管理“履约、运营、安全、质量、市场维护”五大板块，优化现有管理体系，结合具体实战案例，提出多维度提升措施。本指南兼顾理论的基础性及实践的先进性，同时兼顾企业管理与项目管理的关联性和差异性，共包含8章。第一章项目型企业的特征及管理逻辑，主要介绍了项目化趋势下项目型企业在企业层面和项目层面的管理体系及其关系，特别是大型国有建筑施工企业特色化的管理逻辑；第二章介绍了施工总承包管理模式、现状、协同效应及精细化管理的内涵；第三章至第七章依次介绍了施工总承包精细化管理的关键管理领域，包括履约管理、运营管理、安全管理、质量管理以及市场维护管理；第八章在总结现有经验和明确未来挑战基础上，提出了施工总承包管理模式在企业层面和项目层面的项目管理设计未来方向，为实现长期可持续高质量发展提供建议和实施路径。

本指南编写过程中得到了江苏省住房和城乡建设厅、南京市轨道交通建设工程质量安全监督站、南京地铁集团有限公司、徐州地铁集团有限公司、苏州市轨道交通集团有限公司、中国交建轨道交通分公司、中交一公局集团有限公司、中交第二公路工程局有限公司、中交第二航务工程局有限公司、中交第三航务工程局有限公司、中交隧道工程局有限公司、中交机电工程局有限公司、东南大学、南京林业大学等单位的支持和帮助，在此表示衷心的感谢！因时间仓促和编写人员学术水平有限，编写过程中难免存在一些不足和疏漏，敬请读者提出宝贵的意见和建议，并反馈至本书编写委员会，以供修订时参考。

本书编审委员会

2024年12月

目 录

第一篇

概述

EXIT
往栖霞山
To QIXIASHAN
6 号线
Line 6
往南京南站
To NANJING SOUTH RAILWAY STATION

第一章

项目型企业的特征及管理逻辑

项目是项目型企业的基础单元和价值创造中心，是项目型企业盈利的主要模式。没有成功的项目管理，企业的高质量发展就无从谈起，甚至生存也将面临威胁；如果没有企业层面的支撑，项目来源会受到根本性影响，项目管理也会受到严重制约，所以企业强则项目强，项目兴则企业兴，两者共生共荣。

项目是企业发展的神经末梢，抓好项目管理是实现企业高质量发展的必经之路，围绕项目这一特殊的产品，项目型企业形成了企业层面的项目管理体系以及项目层面的项目管理体系（图 1-1），其成功便依赖于两个层面项目管理体系的良好运作，确保企业在竞争激烈的市场中保持持续的竞争优势。上下两个层面的项目管理体系各有差异，在界定职责、各司其职的基础上，需要做到上下同心，才能实现项目管理的成功以及企业的永续发展。

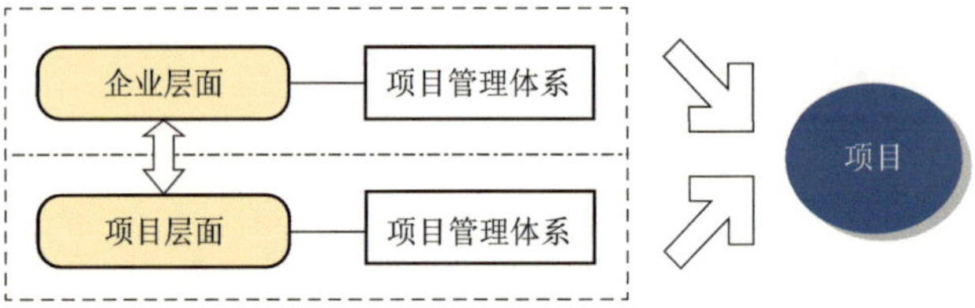

图 1-1　以项目为产品的企业与项目两层面管理

1.1　项目驱动企业的管理逻辑

1.1.1　项目化趋势与项目特征

在 20 世纪，企业运营通过提高效率和生产力创造了巨大的价值。但在 21 世纪，项目正在全球范围内日益推动短期绩效和长期价值创造。项目是指在有限的时间、费用等资源约束下，由两个以上的人组成团队共同创造独特的产品、服务或事件等可交付成果而进行的临时性活动。项目早期主要应用于工程建设行业，但作为组织的一种有用且有效的盈利形式，项目已经在越来越多的行业中受到青睐，如 IT 行业、金融行业、制药行业等。以德国为例，自 2009 年以来，项目占 GDP 的百分比一直在稳步上升，2019 年项目占 GDP 的比例高达 41%。我国长期以来经济增长的重要来源是以项目为基础的工作，这一比例可能更高。2021 年，《哈佛商业评论》最新发表的一篇文章称：项目经济已经到来。美国项目管理协会（Project Management Institute，PMI）估计，到 2027 年，全球约有 8800 万人从事项目管理工作，以项目为导向的经济活动的价值将达到 20 万亿美元。

项目管理不仅是当今全球经济中的一项重要活动，其过程中的组织、协调、指挥能力亦是各个领域中必须具备的素养，因此越来越多的行业和国家将项目管理作为一种核心能力，项目的特征和管理方法也将不断演变，以适应日益复杂和多变的商业环境，在这个趋势下，项目的特征也不断发展成熟。如图 1-2 所示，项目具有时间、团队和任务三个典型特征。时间指的是项目明确的开始和结束时间，时间限制对项目管理的影响体现在以下三个方面。首先，时间限制对过程、行为和绩效产生深远影响。研究证实，时间限制影响组织成员在项目中的时间利用、沟通方式、规范遵循、角色定位、领导力发挥以及协调工具使用等方面，这种影响在对未来有期待的组织和对未来没有期待的组织行为之间存在差异。其次，项目随着时间的推移呈现出一种动态发展的特征，体现在项目生命周期等方面。最后，项目组织呈现线性发展模式，但企业组织呈现的是循环发展模式。这两个方面共同揭示了时间在项目管理中的关键作用。

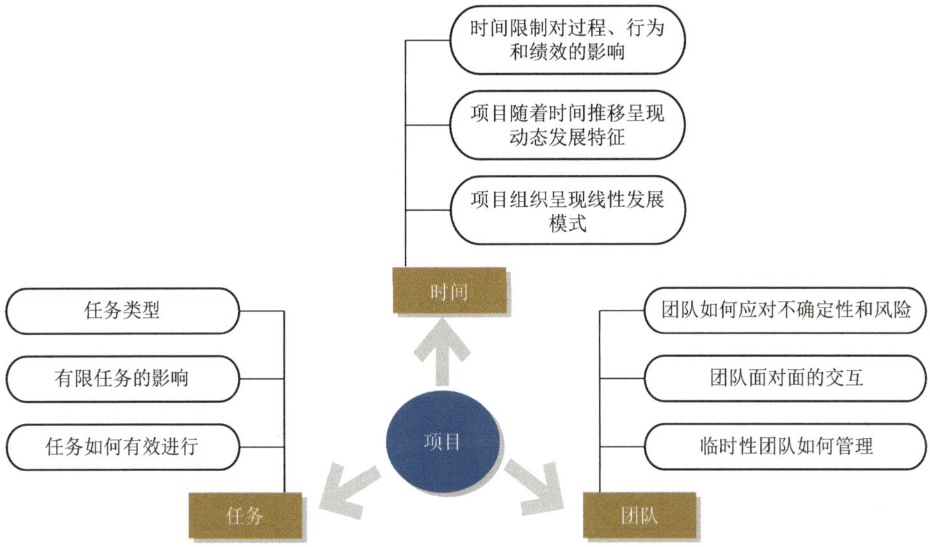

图 1-2　项目的典型特征

团队指的是项目需要两个以上的人组成团队共同完成。首先，团队需要有效应对不确定性和风险，例如如何迅速建立信任关系以及理解团队成员的行为如何嵌入在社会、时间和情境之中。其次，面对面的交互在团队中占据重要地位，表现为基于角色的协调和任务导向的沟通，而非过多强调人际关系，尽管这种趋势可能随着项目周期的延长而减弱。最后，临时性团队的管理需要更多关注领导力在软性和任务方面的发挥，同时团队设计应考虑成员之间的循环合作。

任务在以下三个方面得到突显：首先，任务的类型具有复杂性，表现为一次性、技术不确定性和需求多样性等特征。其次，由于任务是有限的，一旦完成，项目就会被解散。有限任务使得项目管理需要考虑知识传递的衰减等因素，这使得关注焦点更加集中在任务本身，而非人际关系。最后，为了使任务有效进行，需要考虑参照社会规范或在没有参照的情况下进行即兴推进等策略。

1.1.2　业主型企业管理逻辑

如图 1-3 所示，项目作为组织的一种极有效的盈利形式，是项目型企业的发展基础和核心业务。项目型企业和业主型企业这两个类型的企业均以项目为标的物，可以选择不同的工程承包模式，而企业所处的社会情境（例如社会的价值观念、文化习俗以及公众对企业责任的关注程度）紧密关系到项目的实施和企业在社会中的形象，对项目、业主型企业与项目型企业以及工程承包模式产生重要的影响，因此项目型企业和业主型企业都需要在项目选择、工程承包模式、实施过程、运营维护管理中考虑社会的期望和反馈，以建立良好的企业形象和社会信誉。

1.1.3　项目型企业管理逻辑

1. 阶段划分及团队设置

项目型企业通过完成项目为客户提供独特的产品或服务，从而实现盈利和创造价

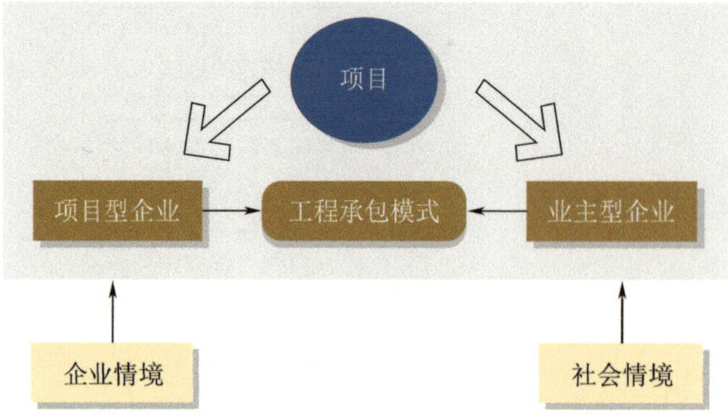

图 1-3　项目驱动的业主型企业与项目型企业

值[1]。具体到建筑行业，项目型企业是以承揽咨询、设计、施工等项目为主要业务的企业，通常依赖于高素质的人力资源和技术优势，重视项目管理和风险控制。例如，施工企业、设计院和咨询单位等均属于典型的项目型企业。对于项目型企业来说，项目即产品，如图 1-4 所示，其经营模式包括项目开发、项目实施及项目质保三个阶段，在各个阶段分别设置开发团队、实施团队及质保团队。

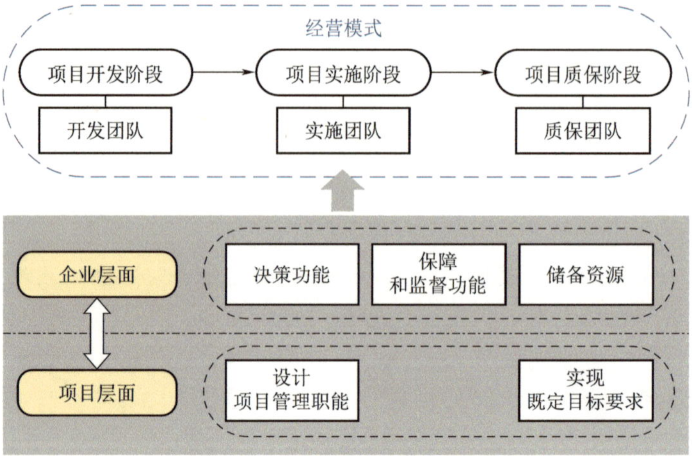

图 1-4　项目型企业管理逻辑

开发团队在项目开发阶段扮演着关键的角色，他们负责在项目实施之前对项目进行全面描述和规划，从项目定位、构思、策划、设计、实施、性能、特点到投标、谈判、最终签订合同，确保项目在适应公司项目交付能力的基础上，与业主的需求紧密匹配，因此开发团队需要深入了解业主的需求和期望，通过与业主的沟通和协商，确定项目的范围、目标和技术要求。开发团队的工作重点包括但不限于项目的构思、策划、设计、实施计划、性能评估以及特点描述，他们需要根据项目的具体情况，制定详细的项目方案并进行定价、投标和谈判，确保项目在企业层面具备可行性和可实施性，因此，开发团队需要具备丰富的行业经验和专业知识，以及出色的沟通和谈判能力，以确保项目开发阶段的成功。

实施团队负责项目的实施与成功交付，即通过一系列的建设活动创造出独特的成果与服务，被业主和相关方正式接受，并将责任进行移交，提供交付价值。在实施阶段，根据项目交付解决方案，实施团队监控和管理项目的实施过程，对项目目标与计划进行动态调整与管控，确保各项工作按照计划进行，并及时应对可能出现的问题和风险，实施团队与所属企业需要密切合作，协调资源和人力，以保证项目顺利进行。在移交阶段，业主接受项目成果验收后，实施团队将相关职责移交给业主。这一阶段的核心在于确保项目的顺利交付和业主的满意度，为企业赢得良好的口碑和信誉。

质保团队在项目交付后扮演着至关重要的角色，通常由项目型企业内部统一筹划，可能会有开发团队与实施团队的成员参与，负责项目交付后的维修服务，提供售后价值，协助业主单位确保项目交付后的稳定运行。项目的质保阶段以项目移交给业主为开始标志，以企业对项目成果的售后责任终止为结束标志，过程中严格跟踪，监控项目运行情况，及时发现和解决可能存在的问题和隐患，并按照标准化的流程执行规定动作。

项目团队需要对项目进行后评价工作，坚持全面、公正、客观和应用性的原则，将前期决策的预期目标与项目交付的最终结果进行系统全面的对比，判断各类指标是否合理。确保项目的最终成果能够实现客户的期望并为企业带来长期的价值。

由此可见，项目型企业在项目的每个阶段都有专门的团队专职负责，通过合理分工和协作，这些团队共同努力，确保项目顺利实施，不断提升客户满意度，实现企业的长期发展和盈利目标。

2. 企业层面与项目层面协同管理

项目型企业的项目管理体系设计涉及企业和项目两个层面。企业层面的项目管理体系设计是从“组织”的视角认知项目，是组织中专门针对项目活动的管理工作。具体而言，企业层面的项目管理体系要能够很好地实现决策、保障、监督及储备资源的功能。

决策机制是基础和关键环节，通过建立与项目目标相关联的决策机制，确保决策能够迅速而准确地响应市场需求与公司战略。同时，保障和监督机制贯穿整个项目生命周期，确保项目团队的行动与公司战略发展保持一致，通过监督、报告和绩效考核等手段，实现对项目的有效管理与控制。保障和监督机制的建立有助于降低项目风险，确保项目始终在正确的轨道上运行，提高项目的成功率。此外，储备资源的角度强调企业应具备可重复执行类似项目的能力，包括人力资源、物资材料、知识管理、技术储备和数据库等方面的资源积累，以提高项目的执行效率和成功率，使企业能够更好地应对不同项目的挑战和需求。作为项目型企业，高质量完成一个个项目是企业的首要任务，通过这三方面功能的有机结合，使得项目管理体系形成一个整体，为项目层面的项目管理成功提供强有力的决策支撑、制度支撑以及资源支撑[2]，助力项目型企业高质量地完成一个个项目，实现企业的长期发展目标。

项目是项目型企业的基础单元，是企业的看家本领，是企业发展的“神经末梢”，项目管理成功是企业生存发展的基础。项目层面的项目管理体系设计是从“任务”的视角认知项目，依据公司/部门设定的目标、给定的资源以及具体项目要求，较为关注项目本身的各项项目管理职能体系设计，完成既定的目标要求。这一方面要求企业应在公司战略目标基础上，根据项目特殊性，明确具体项目目标。另一方面也同时要求项目层面的项目管理体系要在项目目标统领下，全面做好项目管理核心领域，例如履约管理、运营管理、安全管理、质量管理、市场维护管理等板块的有效组织和管理职能设计，确保项目的各项管理职能在整个项目生命周期中得以全面展开，并有效协同运作。项目强则企业强，项目兴则企业兴。任何时候，项目型企业都得抓基层打基础，练好项目管理基本功。

1.1.4 工程承包模式

业主型企业常常将工程建设阶段的实体工作任务（包括采购、设计、施工和安装等）发包给项目型企业（图 1-5），工程承包模式[3]，指的是在工程项目中业主型企业委托项目型企业完成特定任务的方式和机制。这些模式规范了参与方之间的责任、权利和义务，对业主的支付方式、项目风险分配、施工组织、交付模式等方面做出了具体的规定，以确保项目能够顺利进行并达到预期目标，而工程承包模式的选择通常取决于项目的性质、规模、复杂程度以及当地的法律法规和市场环境。

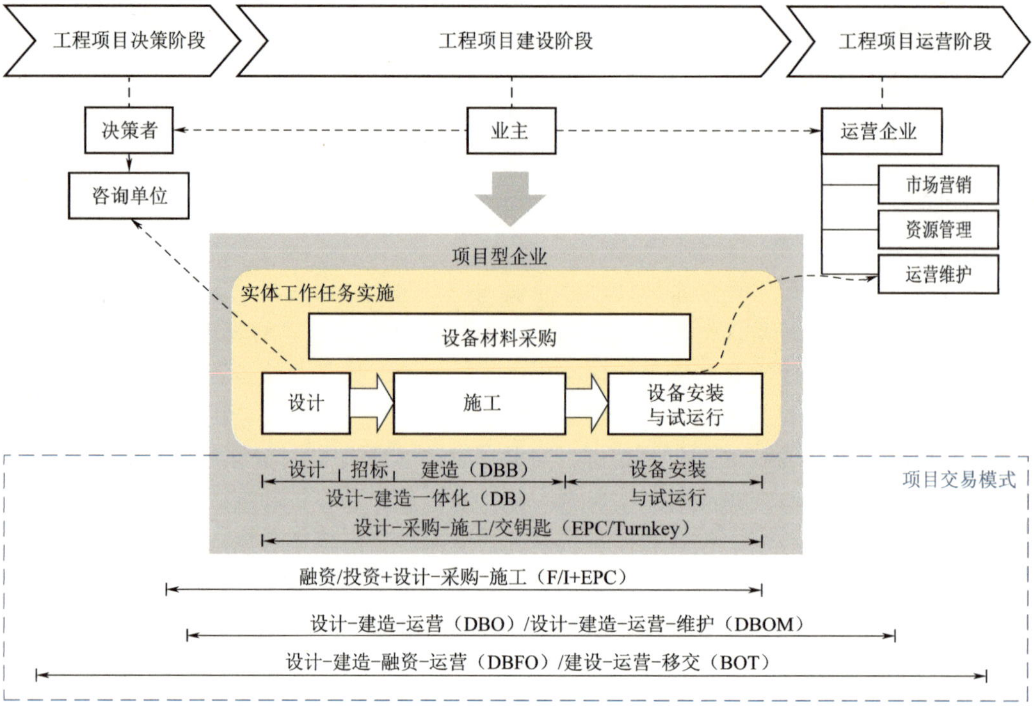

图 1-5 业主和项目型企业之间的工程承包模式

某些工程承包模式考虑了工程项目的融资阶段，例如 PPP 模式（Public-Private-Partnership，政府－社会资本合作），模式指的是充分引入社会资本参与基础设施的投资、建设和运营[4]，融资/投资＋设计－采购－施工（F/I＋EPC）；或工程项目的运营阶段，例如设计－建造－运营（DBO），但本书聚焦工程建设阶段的实体工作任务，按照设计和施工是否分离将工程承包模式分为设计－招标－建造（DBB）和设计－建造一体化（DB），以及考虑采购和安装的设计－采购－施工/交钥匙（EPC/Turnkey）模式，诸多工程承包模式均是在不同的内外部环境中长期实践的产物，每一种模式都有其适合的场景，其适用范围及侧重点等方面都存在着一定的差异，如果不能够准确地对其进行理解与把握，必定会降低其实际的运作效率，所以工程承包模式从宏观上影响着项目管理层面的项目管理体系设计，其差异也将导致项目层面履约目标、内容以及组织结构和职能的不同。表 1-1 对比了 DBB 模式、DB 模式和 EPC 交钥匙模式的主要特征。

DBB 模式、DB 模式和 EPC 交钥匙模式　　表 1-1

模式	DBB	DB	EPC
项目交付过程	分阶段：设计—投标—建造	整合：设计与建造合并	整合：设计、采购、施工一体
设计阶段	由设计团队完成	由设计团队完成	由综合团队完成
投标阶段	承包商通过招标竞争中标	一体的设计与建造团队提交提案	通常是在固定合同下的竞争或单一承包商直接委托
责任划分	明确的责任分工，设计和施工独立	设计与建造合并，单一团队负责	单一团队或承包商负责设计、采购和施工
项目变更	变更可能较为困难，可能导致额外费用	更灵活，变更可能相对容易	额外变更可能引起合同调整
项目风险	风险较为分散，业主有更多的控制权	风险集中在设计与建造团队，业主将一部分控制权交给团队	承包商对整个项目负责，风险更为集中
时间效率	较长，由于设计和投标过程	较短，设计和建造并行	相对较短，整合了设计、采购和施工
合作沟通	阶段性合作，设计和施工独立	整合了设计与建造团队，合作较为紧密	整合了设计、采购和施工，紧密协作
成本控制	预算较为稳定，但变更费用可能较高	更好的成本控制，变更可能较为灵活	较好的成本控制，整合了采购和施工过程
适用	适用于较为传统、规范的项目	适用于需要更灵活、迅速的项目	适用于大型、复杂的工程项目，尤其是需要整体解决方案的项目

1.1.5 项目驱动企业管理的情境嵌入性

项目驱动企业管理的情境嵌入性指的是项目型企业在管理实践中受到组织情境和社会情境的影响。项目型企业及其所承揽的工程项目、对接的业主型企业、与业主型企业的工程承包模式均会受到项目型企业自身的组织情境（企业的性质、规模、法人治理结构、使命/愿景/战略以及项目管理能力等因素）和更广泛的社会情境（国家的法律、政策、经济环境、习俗、社会/行业规范、文化、伦理等因素）的影响，例如，在社会情境方面，面对竞争激烈的市场，项目型企业需要不断创新，注重市场营销，提高项目执行效率和质量，以获得竞争优势。而在政策法规变化频繁的环境下，企业需要及时调整项目策略和管理方式，以确保项目顺利进行并达到预期目标。例如，一个大型跨国工程公司可能会面临不同国家法律和法规的挑战，需要灵活应对；而一家小型本地建筑公司可能更注重本地市场的情况，采取更加灵活的管理策略。在某些国家，政府可能对特定行业实施严格监管，这就需要企业在管理中更加重视遵守相关法规和标准。综合来看，项目驱动企业管理的情境嵌入性意味着企业需要根据自身的组织特点和外部环境因素来制定管理策略和决策，以实现项目和企业的长期发展目标，因此，建筑施工企业的管理逻辑受到企业自身组织特征以及我国具体国情的影响。基于组织情境和社会情境的约束，以下对建筑施工企业的企业层面管理、项目层面管理、项目特殊性以及工程承包模式展开介绍。

1.2 建筑施工企业的管理逻辑

1.2.1 承揽项目的特殊性

建筑施工企业承接的工程项目通常存在以下特点：

（1）融资能力和技术创新能力要求高。由于工程项目需要巨额的资金投入，而企业通常具备较强的融资渠道和能力，能够便利地获取项目所需的资金，项目建设可能会涉及高新技术，因此企业在工程建设中，注重技术创新和引进先进技术，以确保项目的高质量和高效率。

（2）项目管理和安全标准高。由于项目规模较大，需要高效的项目管理体系，建筑施工企业通常具备相对独特的管理机制，涉及党委领导、国资监管等方面，其在承接项目时的高标准要求保证工程施工的质量和安全。

（3）兼顾社会责任。作为建筑施工企业，通常肩负着更多的社会责任。在承接项目时，企业不仅关注项目的经济效益，还注重项目对当地经济、环境和社会的各方面作用，积极参与公益事业，促进当地社会的可持续发展。

（4）与政府合作密切。建筑施工企业往往与政府有着密切的合作关系，通常去承揽由政府或者其他平台公司等业主型企业发包的项目。因此，在项目开展的各个阶段，他们均会与政府相关部门密切沟通，且常常承揽大型民生项目，例如城市轨道交通项目、医院和学校，其对应的业主型企业通常具有以下特点：1）政治性。政府或公共事业单位是实现国家意志的最重要组成部分，是国家进行政治统治的主要机关，是管理各种公共事务的主体。2）服务性。从管理公共事务的角度来讲，他们为全社会提供公共物品，且不仅要保证公共秩序，维护社会稳定，还要为社会发展和经济发展服务。3）非营利性。这些业主单位的职能在于提供公共服务，一般不具有营利的特性，当然在一定条件下，也是可以收取一定的服务费用的，但收费只是为了维持与改进服务的水平。

1.2.2 企业管理逻辑的情境性

建筑施工企业承担了国家各类基础性、支撑性建筑建造的使命与责任，通过战略管理、生产管理、运营管理去不断承揽、完成一个个建筑类工程项目。建筑施工企业是我国国民经济的重要支柱之一，在国民经济中起到举足轻重的作用，为国家的经济发展和社会进步提供强大的支持和保障。然而企业是人，文化是魂，一个企业运营背后需要优秀的企业文化作为支撑，而企业文化必须体现企业经营哲学的三大终极问题：使命、愿景、战略[5]。对于建筑施工企业来说，其肩负的重大国家责任就决定了须将社会可持续发展目标融入企业文化，即在完成各类工程项目建设任务的同时，还须履行社会责任。在这一背景下，建筑施工企业需要建立具有鲜明特色的企业文化，以使命、愿景、战略为核心，弘扬团队精神、责任意识和创新精神，不断推动企业发展。企业文化的建设不仅有助于凝聚员工向心力，还能增强企业的核心竞争力，实现可持续发展的目标。因此，建筑施工企业在制定企业文化时，应该充分考虑国家发展战略、社会责任和员工利益，确保文化建设与企业发展战略相一致，为实现国家和社会的长远目标作出积极贡献。

案例分享

以中国中铁、中国铁建、中国建筑、中交集团四大建筑类央企为例：

1. 中国中铁

企业使命：中国建造铁肩担当

企业愿景：具有全球竞争力的世界一流综合型建筑产业集团

企业精神：勇于跨越、追求卓越

企业价值观：守正创新、行稳致远、向上向善、勇争一流

2. 中国铁建

企业使命：编织大地经纬、成就美好未来

企业愿景：最值得信赖的世界一流综合建设产业集团

企业精神：逢山凿路遇水架桥

企业核心价值观：诚信创新永恒、精品人品同在

3. 中国建筑

企业使命：拓展幸福空间

企业愿景：成为最具国际竞争力的投资建设集团

企业精神：忠诚担当使命必达

企业核心价值观：品质保障、价值创造

4. 中交集团

企业使命：固基修道、履方致远

企业愿景：让世界更畅通、让城市更宜居、让生活更美好

企业精神：交融天下、建者无疆

企业核心价值观：公平、包容、务实、创新

战略目标：两保一争；（两保：保中国和亚洲国际承包商第一的地位；保国资委央企考核A级；一争：争取“十四五”末进入世界500强前50位）

总体指标：根据国资委的“一利五率”的目标，制定了“一增两稳三提升”的总体指标。即利润总额增长要确保完成保A目标，资产负债率稳定在75%以下，研发经费投入强度稳定在3%左右，净资产收益率、营业现金比率、全员劳动生产率进一步提高。

（注：国资委“一利五率”目标：一增一稳四提升，即利润总额增速高于全国GDP增速、资产负债率稳定在65%左右、研发经费投入强度提升、净资产收益率提升、全员劳动生产率提升、营业现金比率提升）

可以看出，建筑施工企业在追求自身发展战略的同时，也需兼顾利益相关者利益，为国家和社会可持续发展作出贡献。

建筑施工企业是典型的项目型企业，对项目的管理涉及企业管理和项目管理两个层面（图 1-6）。企业层面涉及多个层次，一级公司即为企业总部，是企业管理的核心组织，是企业的“大脑”，主要负责战略规划、四资（资源、资产、资本、资金）等方面的管控。二级公司是“最强躯干”，是企业的强力支撑机构，重在梳理和完善、制定制度体系。三级公司是“最佳胃口”，要能够“吃得下任务、消化了困难”，围绕“滚动经营、专业发展”履行职责，是区域化、专业化发展制度体系的执行中心。区域总部是“最灵四肢”，灵活机动地挖掘、发现、创造、策划辖区内的各类项目。项目部是具体生产履约的机构，是企业管理的主阵地，是反映企业管理质效的主战场，是企业履约管理、成本管理、安全质量管理、市场开发的实施地，企业要实现“干一个项目、立一面旗帜、交一方朋友、守一方市场”的目标，需要更接地气的执行团队。在项目层面，需要实施高质量的项目管理以确保项目的顺利进行和成功交付，涉及项目的规划、执行、监控和收尾等各个阶段。这需要项目部具备专业的管理能力（专业的工程技术水平、专业的装备、专业的管理团队、专业的操作技能团队），制定科学的管理流程和方法，不断优化项目管理体系，以适应不断变化的市场需求和项目环境。

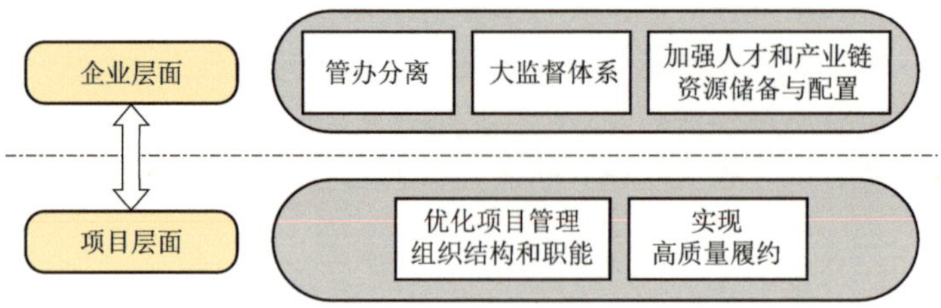

图 1-6　建筑施工企业管理逻辑

除了上述层级外，在建筑施工企业的管理结构中还应该有清晰的职能划分和协同合作机制。每个层级和部门都应明确自己的职责和任务，并与其他部门密切合作，形成紧密的管理网络，领导层要为下属提供正确的指导和支持，为项目的顺利实施提供坚实的保障；员工在执行任务时也应具备高效的执行能力和团队合作精神，确保项目的顺利进行和高质量完成。因此，兼顾企业整体战略规划和具体项目的执行，通过不同层级和部门之间的协同合作，确保项目的顺利推进和最终成功，是建筑施工企业的项目管理目标。

随着工程行业的任务需求大幅缩水，企业面临外部环境变化更加复杂，需要应对的市场竞争日趋激烈，导致企业管理中存在的一些问题暴露出来，比如组织结构不能及时根据内外部条件的变化进行系统的设计和调整；领导层、职能、部门职责不清晰，时有交叉重叠和管理空白；企业规章制度覆盖不全面；人、材、机等资源调配不均衡；内部管理部门之间缺少监控和制约等。因此，企业为了服务国家的战略、规划，也为了实现自身的愿景、目标，需要从企业管理和项目管理两个层面出发，构建科学、高效的项目管理体系。

而企业管理层面的项目管理体系，应从权责分配、资源调度、绩效考核、人才管理、信息技术、管理创新、风险监控、信息技术等多个维度综合设计：

（1）应严格秉承“把、管、促”的思想，切实执行落实“管办分离”的管理理念，

“制定制度、制定规则，划定红线范围，提要求、设目标”，而项目管理就是落实执行、落实企业的管理理念及目标。

（2）企业作为法人主体，在对项目放权、做好服务的同时，也要加强监督工作，建立大监督体系。本着“实现目标管理节点管控”的总体管理思路，运行以生产计划为主线，资源同步统筹配置的大监督体系，有效推进公司计划落实、决策落地、效率提升，形成了机关部门联动，公司项目齐抓共管的工作格局，为公司健康发展提供有力保障。

（3）企业作为资源中心、人才调度中心，应加强资源储备与配置，重点分析项目规模、重难点、建设影响力，加强“产业链、供应链、分包链”的协同建设，持续为项目提供优质的分包商、性价比高的材料供应商，通过企业内部保障体系和经济合同方式协同配置资源，在保障项目顺利实施、降低施工成本的同时，也促进企业内部资产存量的合理调配。

（4）应建立科学的绩效评价体系，对项目管理团队和个人进行定期评估，激励他们积极推进项目目标的实现。通过绩效考核，激发项目管理人员的工作动力和责任感，提高项目管理的效率和质量。

（5）应加大对项目管理人才的培训和引进力度，建立健全的人才培养机制，提高项目管理团队的专业水平和素质能力。通过培育高素质的项目管理人才，可以有效提升项目管理的专业化水平，增强企业的竞争力和持续发展能力。

（6）鼓励项目管理团队开展创新性工作和项目管理方法的探索，促进项目管理理念的创新和实践。通过创新发展，不断提升项目管理的效率和水平，推动企业实现可持续发展，适应市场变化和技术进步的挑战。

（7）建立健全的项目风险管理机制，对项目可能面临的各类风险进行识别、评估和应对，确保项目在风险控制的基础上稳步推进。风险管理是项目管理的重要组成部分，对于保障项目顺利实施和取得成功至关重要。

（8）应充分利用信息技术手段，建立完善的项目管理信息系统，实现项目数据的实时监控和分析，提升管理决策的科学性和准确性。信息化建设可以帮助企业更好地管理项目进度、成本、质量等方面的信息，及时发现和解决问题，保障项目顺利进行。

1.2.3　城市轨道交通工程总承包管理模式

建筑施工企业积极参与我国城市轨道交通项目建设，和业主之间的工程承包模式主要包括 PPP 模式、施工总承包模式及传统小标段平行发包模式，因相较于其他市政工程，城市轨道交通工程系统庞大繁杂，涉及的专业多，周边环境制约严重，建设周期长，且线路长，标段划分一般为 1 站 1 区间、1 站 2 区间、2 站 2 区间等，全线通过传统平行发包模式发包后往往由十数家施工单位共同施工，数量众多且各自为战，需要建设单位投入大量的管理资源进行统筹、协调，管理质效相对低下。近年来，南京、广州、深圳、天津、成都等城市在轨道交通工程建设中，逐步引入了大标段的施工总承包管理模式[6]，区别于传统小标段平行发包给多家施工单位的模式，施工总承包管理模式指的是业主型企业将全部施工任务发包给一个总承包商或分成两到三个大标段发包给多个总承包商，总承包商依靠自身内部的集团军合作完成复杂的施工任务[7]。本书重点关注具体的施工任务管理过程，故聚焦于施工总承包管理模式下的施工企业项目管理，亦可为 PPP 模式的施工管理提供相应思路。

在施工总承包管理模式下，施工企业层面的项目管理面临着挑战与机遇。此模式下，施工企业需要具备更雄厚的技术储备，承担着更多的风险、责任，除了完成基本的进度、质量、安全、成本、绿色施工等项目管理目标外，还要注重合作伙伴关系的建立与维护，完成更复杂的协同工作，同时树立企业的行业口碑。因此，施工总承包商需要更加注重团队建设与人才培养，使得管理团队兼备风险识别、沟通、协调、市场维护等能力，助力企业在区域的可持续发展。

在项目管理层面的项目管理体系设计中，高质量履约是基本目标，所以关键要提升管理团队的业务能力，加强上下的思想认同，不断优化项目管理组织结构和职能。例如，建筑施工企业在部分集团总部直属的大型施工总承包项目管理中，按照集中统一领导、压缩管理层级、压实职能部门、增强现场管控、融合穿透管理的原则，在项目层面形成“融合总承包部＋工区项目部”的两级管理架构（图 1-7）。总承包部对项目履约和成本负总责，将职能管理工作统筹到总承包部，统一设置部门和岗位，强化项目要素的集中统筹管理，实现机构扁平化，优化信息传递和指令传达，简化流程，提高效率。工区项目部在总承包部统筹领导下直接管控工点，对现场施工管理和成本直接负责，规避现场多头管理。“融合总承包部＋工区项目部”的两级管理架构中，生产资源由总承包部对“人、财、物”集中管控、统一配置，各参建单位不再单独进行招标。除了以上的措施外，还可以进一步加强项目管理体系的设计和实施。例如，可以建立定期的项目管理评估机制，通过评估项目管理的各个方面，及时发现问题并采取改进措施。同时，可以加强项目管理团队的培训和学习，提升其专业素养和管理水平，以适应项目管理日益复杂的需求。此外，还可以加强项目管理信息系统的建设，提高信息化水平，实现项目管理的精细化和智能化。当然，各工区项目部应重视施工计划及物资需求计划的编制、实施、纠偏，通盘考虑、提前沟通、上下联动，确保不因为资源配置的问题导致工期滞后，提升管理效能。通过这些措施的综合应用，可以进一步提升建筑施工企业项目管理的水平和效率，实现项目目标的全面落实。

以某城市轨道交通工程某号线施工总承包大标段项目（含土建工程及安装装修工程，由国资委直管某建筑央企总部作为联合体牵头单位，组成总承包部，下辖由 7 个工程局组成的 8 个工区项目部）为例，其由集团公司总部直接组建的总承包部进场后勇于担当、主动作为，对内制定了“统筹、引领、支撑、服务”的管理方针，通过集中、融合、穿透的管理模式，实现了“意识穿透、行为穿透”，把大项目当作小项目管，一方面对工区进行理念引领，培养精细化管理意识的同时，想方设法让工区在优质的施工环境中有序推进生产工作，创造最佳施工环境；另一方面当出现工区层面难以解决的问题时，做好服务工作，必要的时候可以替跑，最大限度发挥总承包部的功能、作用。在此种管理模式下，总承包部在前期工程、进度推进、质量安全管理、成本管控等方面发挥了无可比拟的作用，项目各项目标均高效完成，获得了建设单位、监督单位、行业主管部门的高度赞誉，先后在项目举办了 4 次省市级观摩，有效地展现了此集团公司在轨道交通板块的施工管理能力，后续以同样的项目管理团队、同样的项目管理模式中标同城市轨道交通工程大标段施工总承包项目，实现了市场的滚动式发展。

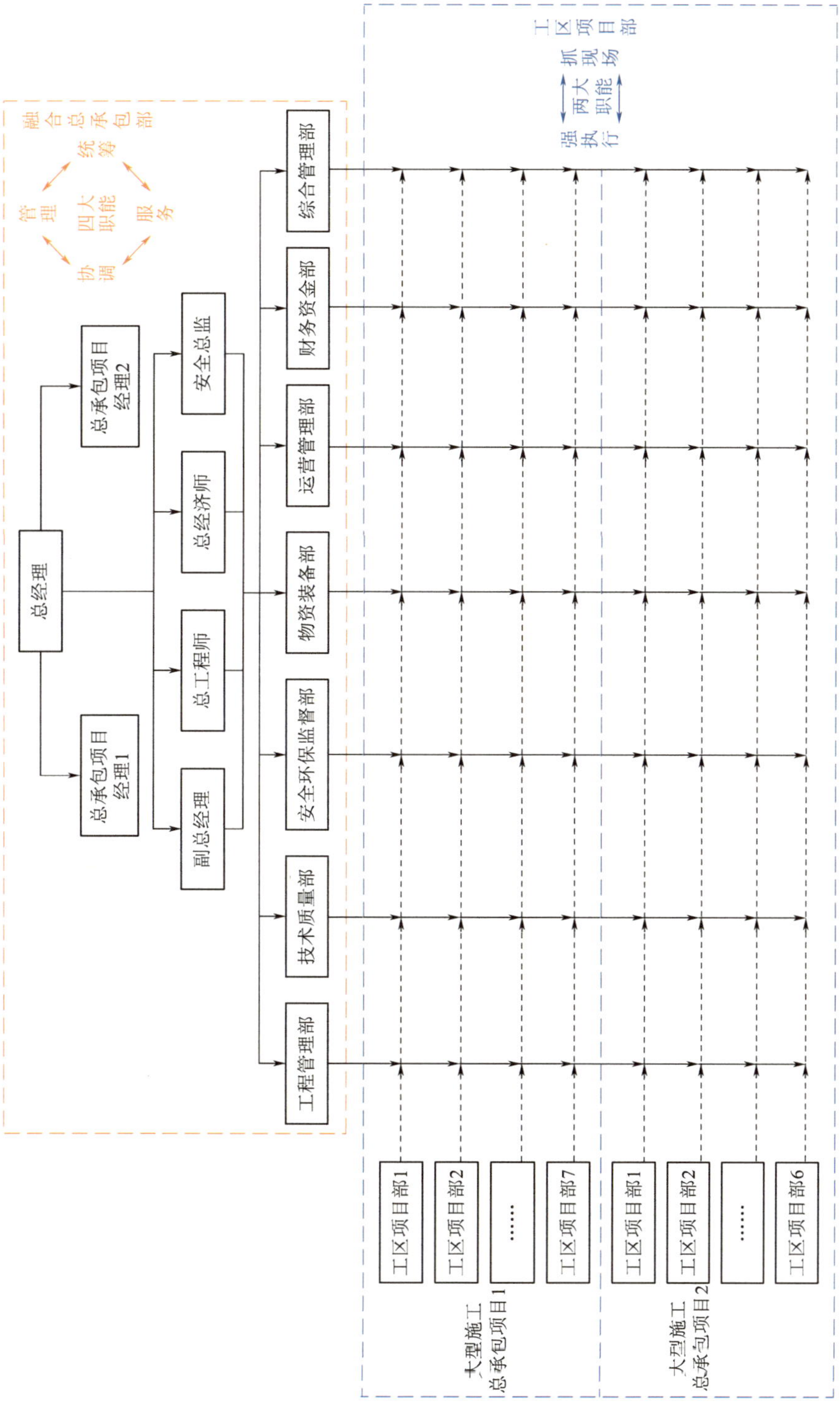

图 1-7　项目层面大型施工总承包管理的“融合总承包部—工区项目部”两级矩阵式网络组织结构

注：—→表示主要领导关系，- - →表示次要领导关系，两者存在冲突时，以主要领导的指令为依据。

出
EXIT
往栖霞山
号线
往南京南站

第二章 施工总承包管理的核心挑战与机遇

施工总承包管理作为我国大型工程项目的一种主要的管理模式，是有效实现多组织协同效应的途径之一，但当前该种管理模式应用在城市轨道交通项目管理中时，遇到一系列难以解决的问题。如何减少管理层级、简化管理流程、提升决策效率、促进整体协同，实现城市轨道交通工程施工总承包管理精细化，是我们面临的核心挑战，也是机遇。

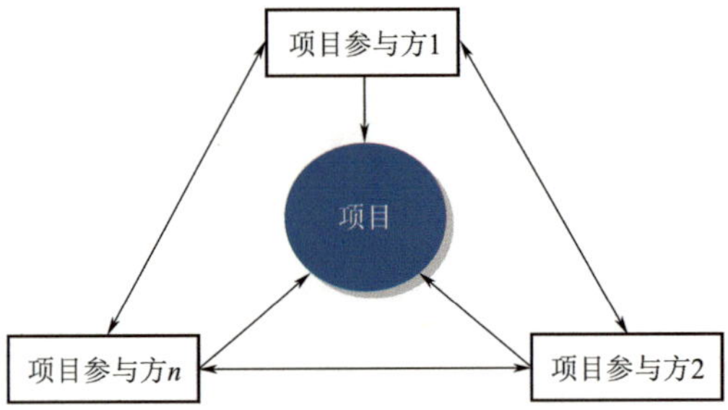

图 2-1　跨组织项目管理生态

围绕项目，相关参建企业依据工程承包模式、合同关系等形成包括多个组织在内的跨组织生态体系（图 2-1）。这个生态体系由各种利益相关者构成，包括业主、设计单位、施工单位、供应商、监理单位等。每个组织在这个生态体系中都扮演着特定的角色和职责，相互依存、相互影响。由于利益诉求不同，该生态体系内的各个组织不可避免会出现冲突和摩擦。但项目各参与方应以完成项目产品为共同目标，依据生态系统内各参与方的关系，确立主导方及其他相关方之间的合作、协调、控制和监督机制，使得各参与方能够相辅相成，优势互补，实现协同效应。

2.1　施工总承包管理的跨组织生态

2.1.1　施工总承包管理在我国的发展历程

我国自 20 世纪 80 年代中期引进工程承包制，随着社会的不断发展和建设，施工总承包管理模式逐渐成为我国建设工程项目管理的一种重要手段（图 2-2）。在施工总承包管理模式的推广过程中，我国不断总结经验，借鉴国际先进管理理念和经验，不断完善管理制度和规范，提高管理水平和效率。同时，各地方政府也出台了一系列政策措施，支持和促进施工总承包管理模式的应用，为其发展提供了良好的政策环境和市场条件。采用施工总承包管理的大型项目，可以明显缩短施工周期、加快施工速度、减少施工成本，是建筑施工企业实现高效项目管理的重要手段。

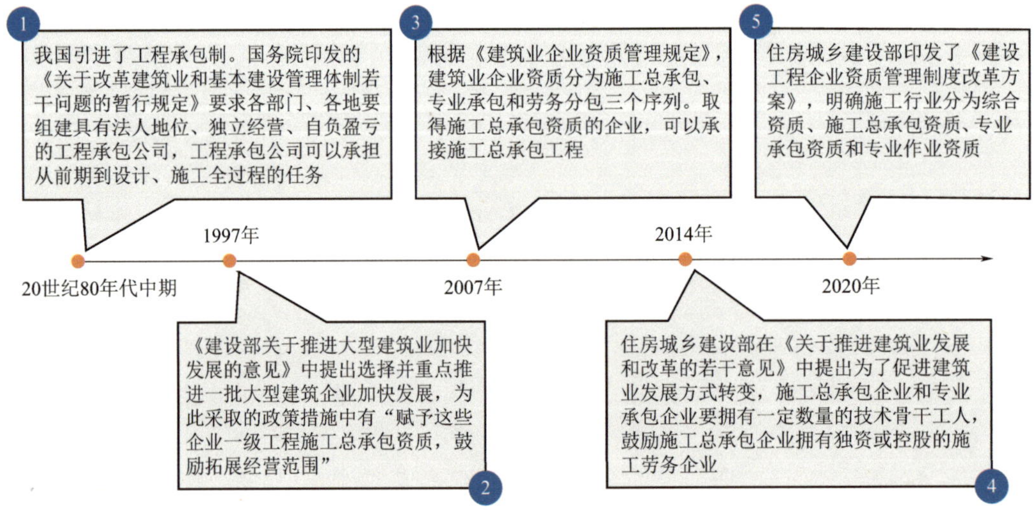

图 2-2　我国建设工程项目施工总承包的主要发展历程

2.1.2　施工总承包管理的组织模式

施工总承包管理模式在城市轨道交通项目的应用中日益成为常态，其中以集团公司作为联合体牵头单位与下属公司组成联合体承接任务这种模式尤为常见。该模式能够充分发挥各个参与方的优势，实现资源共享、风险共担，从而确保项目的顺利实施。特别是在技术复杂、规模巨大的项目中，联合体的形式可以集中优势资源，有效应对挑战，确保项目进展顺利。

案例分享

某建筑施工企业集团公司牵头，和下属公司组成联合体（图 2-3），承建了某城市两个项目的施工总承包任务，集团总部下设总承包部，作为 2 个项目总承包部管理的直接机构，代表集团总部对参建工程局进行管理。采用联合体进行施工总承包可以实现强强联合，在技术、人才、经验等方面形成优势互补，从而保证技术复杂、规模巨大、工期紧张的项目稳步推进，实现互惠互赢的合作效果，中标的联合体也能更好地履约。施工总承包管理是典型的跨组织项目管理，需要多个参与方完成一个共同目标，但各参与方又天然存在组织差异、利益冲突问题，因此关键是建立有利于跨组织有效合作的协同、控制和监督机制。

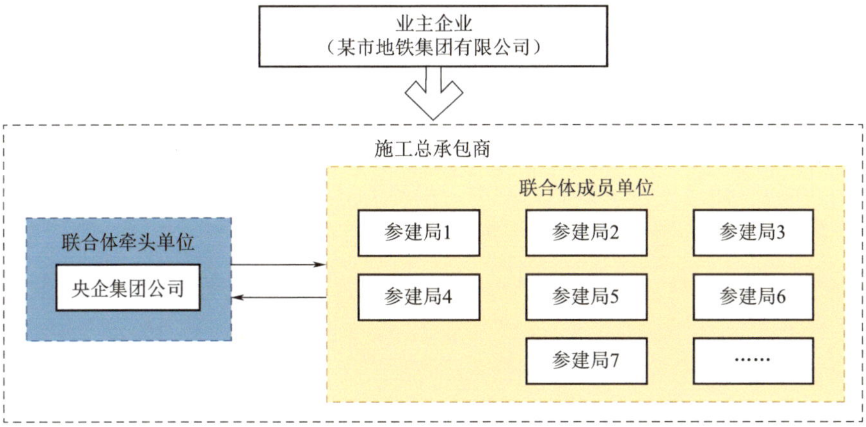

图 2-3　工程总承包管理的跨组织生态

2.2　当前项目管理存在的挑战

2.2.1　企业管理层面存在的主要问题

1. 规模迅速扩张与各类资源匮乏之间的矛盾

企业业务快速发展、指标快速能够实现攀升，但专业的、优质的管理资源、人才资源、分包资源等不能完全跟上，导致项目出现管理漏洞甚至管理真空，这在新兴业务领域表现得尤为突出。

2. 粗放式管理与高质量发展之间的矛盾

我国已转入高质量发展阶段，而当前无论在企业层面还是项目层面，总体上项目管理还相对简单粗放，难以与企业高质量发展的要求相适应。

3. 多管理体系并行与集团军协同作战之间的矛盾

在大型总承包项目管理过程中，多家平台公司执行不同的项目管理体系，施工单位执行各自的项目管理体系，在理念思路和方式方法上不统一甚至相冲突，难以形成有效合力，达不到多组织高效协同、整体利益最大化的要求。

4. 传统管理方式与标准化、数字化管理需求之间的矛盾

项目管理的数字化水平不高、标准化程度不够，尚不能完全适应社会发展需要和企业实际需求，需要加快升级和提高。

5. 管办分离不清晰，考核机制不健全

参建工程局二、三级公司既要管，又要盯着办，管理链条繁琐，审批流程长，一定程度上制约施工现场难以有序推进，现场外业等内业，现场等合同手续多有发生。同时考核机制不健全，差异化考核不到位，干好干坏一个样，用心做项目的人得不到切实的回报。

6. 专业化管理能力不突出

从目前履约现状可以看出，人才梯队建设较差，例如当前城市轨道交通工程管理人才短缺，基层项目过分依赖经营者组阁（选好项目经理，其他人员都是项目经理的事），这在一定程度上制约着城市轨道交通项目管理能力的提升。距离进一步打造专业化管理能力（专业的工程技术水平，专业的装备，专业的管理团队，专业的操作技能团队）还有差距。

7. 产业链下游资源保障能力不足

分包商挂靠盛行（劳务分包单位派来的主要管理人员在其单位无职务、无工龄、无社保、无个人业绩）。诚信度差、履约意识差、违约成本低或几乎无成本，对项目管理团队而言是一个极大的挑战，尤其对首次担任项目经理更是如此，为项目施工管理带来诸多的不确定性。急需培育出有管理能力、有经济实力、有施工业绩、有市场诚信的“四有”队伍，充实企业资本能力。

2.2.2 项目管理层面存在的主要问题

1. 体系方面

（1）管理制度体系不完善，执行不到位

1）管理制度多，各项管理制度之间统筹不足。

2）管理制度执行不到位，存在选择性执行的问题。

3）管理制度流程设置不科学，关键环节管控不严，约束机制不明显，存在流程过长、局部空转等问题。

4）项目全生命周期经济责任制不完善，标后预算、目标责任书下达不及时，项目无目标经营时间较长。

5）项目经理授权与监管体系不完善，法人单位和总承包部权、利有待清晰，管理授权和监管体系仍不健全。

（2）组织建设与策划管理亟须加强

1）项目管理团队的组建不严谨，主要管理人员的专业技能和工作经验与项目特点的吻合度不够，项目经理更换较随意，离任不审计，责任不清晰。

2）项目策划不及时，存在将策划交给项目完成的现象，策划流于形式，对施工组织的指导作用不足。

2. 生产方面

（1）前期工作、稳定设计制约工程有序推进

前期工作手续繁琐、时间长，需要与政府主管部门、产权单位进行大量的对接、协调。

城市轨道交通工程多采用初步设计图进行招标（中标价为概算下浮率），往往因设计不稳定、深度不够等因素，现场等图纸的现象多有发生。

（2）施工阶段外界干扰因素多，有效作业时间受限

城市轨道交通工程受城市环境［周边建（构）筑物保护、大气环保、水土环保、声噪管控、交通保通］、文物保护、涉军、涉铁、涉油气管线、涉水及人文环境（居民投诉）等因素制约，无法持续作业。

（3）安全风险大，全时空全过程涉及全类型施工伤害

六大伤害，包括高处坠落、坍塌、物体打击、机械作业伤害、起重吊装、触电，在城市轨道交通工程施工中均有涉及，项目管理团队和从业人员的安全意愿、意识、知识、设施、经验五大板块均有不同程度不足。

3. 成本管控方面

（1）经营管理质效不高，执行不到位

1）管理费用居高不下，成本费用不实，亏损问题严重。

2）停工、窝工、赶工情况时有发生，决策不及时，赶工造成资源过度投入，导致成本增加。

3）不注重完工结算，债权确认、资金回收不及时，没有专人负责推进变更索赔、材料调差、二次经营、质保金回收等事宜。

4）分包结算关门不及时，简单粗暴导致与分包商产生纠纷，致使分包成本无法关门。

5）对项目完工审计、考核兑现不及时，人员分流、资产处置不合理。

（2）采购分包管理违规违纪频发

1）分包管理体系不健全，未建立考核及奖惩机制。

2）分包商入库把关不严、质量不高，“僵尸”分包商占比较大。

3）分包商采购不规范、竞争不充分，招标流于形式。

4）部分单位以包代管，安全质量失控。

5）分包商资质和承揽业务不匹配，结算扯皮、投诉时有发生。

6）信用评价体系不完善，结果不够客观。

7）“一处失信，处处受限”机制落实不到位，风险控制不及时。

8）“红白黑”名单制度尚未充分发挥作用。

9）分包管理数字化水平有待加强。

（3）合同风险防控意识与契约精神不强

1）各级主体缺乏契约精神，合同签订不及时或不签合同，项目完工后账务混乱，产生各类纠纷，增加了内外部交易成本。

2）同一项目各标段之间内部协同不足，法人单位之间、法人单位与项目之间的沟通

成本较高，影响决策效率、施策效果。

3）相当一部分项目只盲目完成施工产值，不注重计量，项目合同资产高，收款率低。

（4）两级管理费高，人工费（农民工工资费用总额）控制难

联合体总承包项目的特点是法人单位多，项目的人事权隶属各参建单位，各参建单位项目管理制度不一，一定程度导致联合体总承包部对管理费把控困难，人均成本高于集团其他业务板块，全员劳动生产率也相对较低。

一线劳务人员来源于分包单位，对其岗位薪酬待遇、出勤情况掌控难。

（5）前期工程费控制难度大

城市轨道交通沿线的城市运营管理系统涉及政府相关部门、运营管理企业多，要求不一、垄断性强，相关费用全凭谈判，无行业标准。

（6）临建工程标准不一

临建工程在中标协议书中无约定、无图纸、无标准、无方案、无工程数量，再加各属地政府和业主标准不一，临建工程成本控制也是难点。

（7）大宗材料价格波动大

多地轨道公司为控制整线不超总概算，直接在招标文件中约定“主材价格不予调整”，如投标时间点主材价格在中低位，项目实施期间主材价格始终在中高位波动，导致成本大幅增加（这一风险已突破了项目层面的风控能力，需要从企业管理角度加以关注）。

（8）设计深度及工艺优化深度不够（施工图设计阶段）、技术方案不严密、施工组织或工序管控不到位（施工阶段）

对于总价包干合同，由于前期地质勘察相对粗放、环境调查不彻底，导致设计深度不足，施工图不断调整；或由于施工经验不足、对施工制约因素调查不充分，导致技术方案可操作性不强，内业外业“两张皮”，现场多有窝工现象。

如一：在车站基坑设计阶段，可能存在未充分考虑地质和周边环境的情况，围护结构设计偏弱，对周边建筑物的安全影响较大。

如二：在盾构区间环境调查不彻底，未发现有混凝土灌注桩、PTC、PHC 管桩侵入盾构隧道的情况。

如三：盾构掘进方案对工序过程控制要求不严密，或现场未按方案执行，导致同步注浆管频繁堵塞、盾尾密封刷损坏等故障。

（9）合同管理标准与执行力度不统一

各参建工程局对劳务分包准入条件、清单、限价不统一，合同执行不严，结算中发生扯皮、索赔的现象。

综上所述，当前项目层面的项目管理也在各个方面面临诸多问题，需要从多个维度全面提出有效的管理措施并在实践中不断纠偏，才能进一步全面优化管理机制、提升管理质效，实现项目管理从粗放型向精细化的转型。

2.3 施工总承包管理的优势

目前项目管理面临着诸多困局，尤其是城市轨道交通项目，其规模庞大、技术复杂、劳动力密集、施工环境较难掌控，使得这一领域的管理问题愈发突出。此种情境下，施工

总承包精细化管理模式的引入则有着显著优势，为项目管理带来新的机遇和动力，能够为整个项目的步调统一、运行流畅提供有力的组织保障和技术保障。

对于建设单位来说，施工总承包模式通常采用总价合同制，故便于提前确定工程造价，同时责任主体相对集中，一般仅涵盖一至三家总承包单位，有效减轻建设单位的合同管理负担及施工管理压力，大大降低了多方协调的复杂性，对缩短建设工期、控制总投资具有积极作用。由施工总承包模式衍生出来的联合体总承包模式，由于承包单位之间签署了联合体协议，其责任“对外承担连带，对内按份分担”，更是能够统一联合体成员单位的目标，集各家之所长，促进各成员单位间优势互补，共同发挥专业特长，增强抵抗风险的能力，其管理上的优越性，在业界中无可替代。

对于施工方而言，施工总承包管理模式一是能够简化信息传递和指令传达的流程。在轨道交通项目中，涉及多个单位、多个专业之间的协同合作，信息传递的效率和准确性至关重要。总承包单位作为项目管理的核心，通过构建高效的信息交流平台，统一协调内外部各方工作，使得各方目标、标准相同，确保各项指令和信息能够及时、准确地传达给各个参建工区项目部，有效地减少信息传递的层级和环节，提高管理效率。

二是施工总承包管理模式有助于实现集约穿透式管理。这种管理模式强调对资源的集中管理和优化配置，总承包部可以根据项目的实际需求，精简部门、精减人员，对各工区项目部进行科学合理的资源调配，避免资源的浪费和重复投入。同时，总承包部可以调动总部骨干，应对工区项目部解决不好的现场问题，还可以调动外部高端资源，应对工区项目部无法协调的外部问题，共同保障项目按计划推进。

此外，施工总承包管理模式还有助于打造高质量的管理团队。总承包部可以充分利用考核指挥棒，构建利益共同体，充分激发各工区项目部的积极性和创造力，内部形成“比、学、赶、帮、超”的氛围，外部形成合作共赢的局面，最终培养出一支高素质的管理团队，为项目、企业提供有力的人才保障。

当前城市轨道交通项目仍有广阔的市场空间，各个城市对于项目施工的管理模式、标准并不统一，若能充分发挥总承包管理模式的优势，设立明确的管理目标、理念和管理对象，再通过实践不断修正、完善管理手段，最终为业主、为城市提供优质的服务和技术支持，打造优质的产品，则一定能够抓住机遇，将城市轨道交通领域的施工总承包管理模式进一步标准化、规范化并得以推广应用。

2.4　施工总承包精细化管理的内涵

2.4.1　起源发展

精细化管理源自20世纪50年代的日本，时称“精益管理”，也叫“丰田生产方式”，最早应用于企业和工业管理，后来被逐步应用到政府管理和社会管理等领域。它是社会分工精细化、服务质量精细化形成的现代管理产物，其取得成功后迅速成为发达国家的管理文化。随着国外精细化管理的成功案例不断传入中国，国内企业管理界和学术界从改革开放初期开始对精细化管理产生反响、共鸣并逐步开始研究推广。鉴于国内地大物博，企业样本颇多，通过大量的试验、分析、总结，我国目前对项目精细化管理已经有新的理解和阐释，形成更加系统的和适合我国国情的本土化管理模式，更加注重细节、实践应用以及管理质效，其理念在不同行业领域之中均有成功运用的案例，可以说相比传统管理模式的诸多弊端，实行项目精细化管理已势在必行，但受制于社会、经济、人文等环境的影响，精细化管理的推广和实践落地的速度仍然较慢，管理者的大脑中普遍没有形成深刻的精细化管理意识。

2.4.2 基本概念

精细化管理是一种理念，也是一门技术。它以最大限度减少管理所占用的资源和降低管理成本为目标，通过规范管理系统和管理流程，运用程序化、标准化、数据化的手段，使组织管理各单元精确、高效、协同和持续。

精细化管理就是要将管理责任具体化、明确化，它要求每一个管理者都要尽职尽责。就精细化管理与传统管理的方式相比而言，精细化管理更加强调的是细节，将传统的粗放式管理环节一一分解、细化，目的是从管理的各个环节入手，确保管理要素在管理过程中都能有效地发挥作用，最终提高项目的管理效率，促进项目效益最大化。

（1）精细化管理其“精”在数据，“细”在创新、突破，“化”在改变、进步[8]，旨在将传统的粗放型管理进行分解细化，以提升内驱力为核心，以“精细操作和规范管理”为基本手段，通过提高员工的精细化管理意识、业务能力和基本素养，强化细节控制，加强成本管控，强化协调管理，最终提高综合效益。

（2）精细化管理是一个更为细致完善的管理系统，要从规章制度、管理的规范化和标准化上进行进一步挖掘，对生产和管理流程进行深度优化，将施工总承包项目各个管理环节提档升级，形成精细、高效的管理体系。

（3）精细化管理要求对各个环节进行更精细的分解，强调以人为本、意识为先，提升各岗位人的内驱力，使其各司其职、各尽其能，实现各项工作一次成优，从而提高项目管理水平，提升管理效能。

2.4.3 基本特征

精细化管理要摒弃过去传统的粗放式管理方法，以人的内驱力为核心，将具体、明确的量化标准渗透到项目管理的各个环节之中，其最基本的特征就是重意识、重过程、重细节、重质效。施工总承包项目精细化管理，就是要以抓意识为基础，实现每一个工作人员都主动履职尽职，对每一项工作精益求精，通过精心、精细的工作组织，实现全员、全过程自主抓好每个项目管理环节，做到环扣相连、严控把关，形成有机统一的整体，使“产品”以客户为导向，达到精准、精确、精致的标准，实现真正意义上的精品工程。

2.4.4 管理目标

施工总承包精细化管理的核心目标不仅仅是实现项目的顺利推进和按时交付，更重要的是要实现价值交付。项目成功与否并不在于项目成果是否交付、是否得到相关方验收，而在于项目完成时相关方对可交付成果的价值感知与价值认同，以及项目投入运营后可交付成果为组织和社会创造的价值。为此，应建立以交付价值为导向的项目管理理念，协调各方利益，努力兑现合同承诺，创造社会效益、经济效益，最终反哺企业，助力企业高质量发展，以追求价值卓越为目标，最终完整实现项目价值。

实现此目标的原则在于为项目提供全面一体的精细化管理，推动各参与方紧密协作，优化资源利用、降低项目风险，完成整体施工目标的同时致力于建筑工程的可持续发展。在此目标下，将精细化管理理念贯穿到履约管理、运营管理、安全管理、质量管理和市场维护管理这五大管理领域之中。

2.4.5　管理理念

作为集团军的作战统领，总承包部应围绕"统筹、引领、支撑、服务"的"八字方针""意识穿透、干活穿透、职责不穿透"的"穿透意识"以及"卓越绩效"精细化管理理念编制项目总体策划，通过理念引领和环境创造，提高治理体系的透明度、效率和稳定性，同时在项目层面的履约管理、运营管理、安全管理、质量管理以及市场维护管理五大核心管理领域严格落实精细化管理理念，确保项目在正确的轨道上运行，进而反哺企业。同时在发生问题时要能够提供服务和支持，加强协同作战的协调性，实现更为科学和可持续的管理。

1. "统筹、引领、支撑、服务"的"八字方针"

统筹：总承包部对项目管理的核心领域进行全面策划，全面布局如何安全、优质、高效的建设并交付项目，明确设置五大核心管理领域的目标、计划及行动准则。

引领：总承包部补位不越位，所有的工作都是在工区努力工作的基础上再发力。

支撑：总承包部为工区项目部创造有利环境，尽量消除各方面的负面影响，确保工区在正确的道路上稳步前行。

服务：总承包部在问题出现时提供支持，必要时替跑，以协助解决内部问题。总之，通过上述理念，可以有效地推动施工总承包项目管理五大核心领域管理的有效性，从而确保质量履约，低成本竞争，助力企业高质量发展。

案例分享

以某建筑施工企业某城市轨道交通工程项目为例，项目紧紧围绕"高质量履约，低成本竞争，助力企业高质量发展"的目标（图 2-4），过程中抓住成本与履约两条主线、守住风险红线，在安全、质量、成本方面确保"零伤亡，零缺陷，零亏损"。

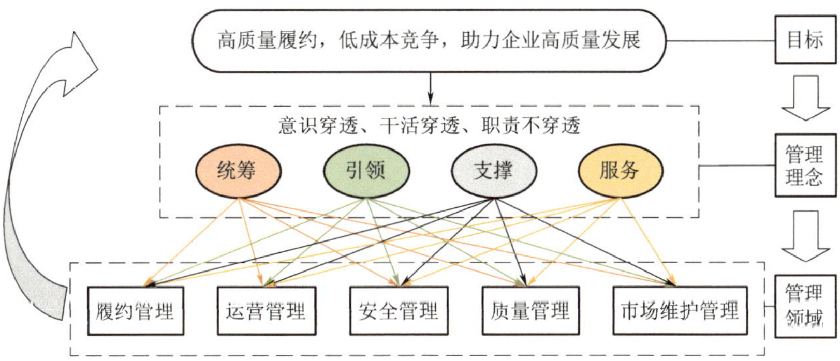

图 2-4　施工总承包的目标、实施理念与管理领域

2. “意识穿透、干活穿透、职责不穿透”的“穿透意识”

意识穿透，就是要求项目各方在理念上达成共识，确保团队成员深刻理解并积极支持项目的总体目标。

干活穿透，就是强调实际行动与理念的一致性，要求各层级人员在具体操作中确保每个环节都与总体目标相一致。

职责不穿透，就是明确总承包部与工区项目部的职责范围，防止责任混淆和推诿。

3. 追求“卓越绩效”的“精细化管理”理念

我国建筑企业项目管理正逐步由粗放型发展转为精细化经营，欲成为国际一流建筑企业，就需要依据卓越绩效管理模式倡导的精细化管理理念和方法进行管理绩效评价，以抓人的内驱力为核心，抓意识、抓过程、抓细节、抓质效，不断提高核心竞争力。“卓越绩效”管理不仅强调超越传统的财务或利润目标，还要求更加全面地考量企业的经营活动对人、社会和环境等多重影响，更加强调企业与所有利益相关方的关系，更加关注企业短期利益与中长期利益的平衡。

（1）发挥领导带头作用，强化卓越意识

领导力是一个组织成功的重要因素。领导不仅是指组织的最高管理者和决策者，也包括组织的最高管理团队。总承包部推行实施卓越绩效管理的首要前提是高层领导的高度重视。在确定卓越绩效管理目标体系后，高层领导要以身作则，以实际行动带动其他管理者和员工，全面强化卓越绩效管理意识，将卓越绩效理念真正落实到各项规章制度和业务流程中。同时，要加大宣传力度，让项目员工、合作伙伴及其他利益相关者了解和认同卓越经营理念，并积极参与到卓越绩效管理推进工作中。

（2）坚持战略导向，统领管理活动

总承包部坚持建筑企业集团总部战略导向，促进建筑企业全面发展。战略管理包括战略制定、战略部署、战略监测与调整等环节。

1）战略制定。战略制定时要考虑：市场发展趋势、机会及顾客关注要素；行业法规、主要竞争对手发展情况及企业自身能力；影响企业机制、工程承揽方式的重要改进或重大变化；资源整合能力分析；企业内外部环境存在的风险因素；公司品牌管理、供方管理及其他管理；可持续发展相关因素等。

2）战略部署。战略部署是科学制定实现战略目标的业务规划和职能规划，有效分解规划目标，优化资源配置，保证规划的实施。

3）战略监测与调整。战略监测与调整是指构建战略绩效指标体系，对组织的绩效进行监测和预测，同时将所预测绩效与竞争对手的绩效相比较，与主要标杆企业绩效相比较，最后做出应对措施。

（3）坚持顾客导向，提高顾客满意度

顾客导向是卓越绩效管理的核心价值观之一。与其他营利性组织一样，顾客是建筑企业产品和服务质量的最终评判者。要将顾客导向的卓越体现在运营和建设工程管理全过程。

在实施卓越绩效管理时，要树立顾客导向的经营理念，了解业主需求和期望，把握建筑市场需求，在工程质量、成本、进度、性价比、服务及品牌等方面着手，提高项目的管理水平和技术能力，降低工程建设成本，提高业主满意度，为业主创造更多的价值。

在制定经营战略时，还要充分考虑各项影响因素，协调平衡所有利益相关方需要，制定能满足不同类型顾客的服务程序、方式及工程产品定位，使业主、材料及设备供应商、劳务分包单位及其他合作伙伴、员工和社会等关键利益相关方整体利益最大化，建立并完善与战略规划和发展方向相适应的相关方关系，尤其注重建立良好的战略伙伴合作关系，寻求共同改进和提高。

(4) 履行社会责任，成为卓越公民

履行社会责任是施工总承包项目管理的重要使命和职责。在谋求自身发展的同时，要高度关注项目建设对环境和社会带来的影响，追求项目、企业、社会和环境的和谐统一。要成为有社会责任感的卓越公民，不仅要遵守各种工程建设标准和要求，而且要高于法律法规的要求。

(5) 重视过程管理，从多个维度关注结果

实施卓越绩效管理，既要重视过程管理，又要关注结果。要通过外部调研、同行对比、会议研讨等方式，根据是否为企业和顾客直接创造效益，确定“主要价值创造过程”和“关键支持过程”。然后，根据相关方需求明确过程要求，结合各过程的内在规律，实施系统、有效的过程管理。同时，卓越绩效管理应体现结果导向，要关注业主满意度、人力资源、财务和市场、社会责任等关键结果。

除了以上的“八字方针”“穿透意识”和“卓越绩效”之外，还可以进一步丰富和拓展管理理念，以适应不断变化的市场和项目环境：

(1) 创新、协同、可持续：这一管理理念强调在项目管理中要注重创新思维，不断探索新的管理方法和工作模式，以应对市场和技术的挑战。同时，强调各参与方之间的协同合作，实现资源共享、信息互通，形成合力。在实现项目目标的同时，要注重可持续性发展，充分考虑环境、社会和经济的三重效益，为未来的可持续发展打下坚实基础。

(2) 透明、责任、诚信：这一管理理念强调在项目管理中要保持透明度，确保信息对所有相关方公开透明，建立健全的监督机制，增强管理的公正性和透明度。同时，强调各方要承担起自己的责任，确保工作的高效顺利进行，不推诿责任。在项目合作中要秉持诚信原则，遵守合同约定，保持良好的商业信誉，建立长期稳定的合作关系。

(3) 人本、安全、创造：这一管理理念强调在项目管理中要把人放在首位，重视人力资源的培养和激励，营造良好的工作氛围和团队文化。同时，要把安全放在首要位置，确保项目施工过程中的安全生产，保护员工的生命财产安全。在实现项目目标的同时，要注重创造性思维，鼓励团队成员提出新的想法和解决方案，不断推动项目管理的创新和进步。

2.4.6 管理领域

如图 2-4 所示，精细化管理贯穿项目五大管理领域，分别是履约管理、运营管理、安全管理、质量管理以及市场维护管理，其涵盖了总承包部在合同、社会、企业中的全部职责。若想解决当前城市轨道交通项目管理的管理痛点，切实提升管理的质效，必须从企业管理层面到项目管理层面，全方位细化五大板块中各项管理环节，提升管理效能。

确保项目的高质量履约是根据合同规定建立高效管理体系的重要任务。设计一个清晰合理的组织结构对于保证项目的高效履约和绩效管理至关重要，因为它决定了系统内各子

系统或元素之间的指令和协调关系。通过有效的工期管控方法，在合同规定的时间内为业主提供优质的工程产品，同时确保质量、安全和环保要求得到满足，是建筑企业项目管理中最重要的职责之一。工期的合理筹划和严格执行是履约管理的核心，对于确保项目按时完成和保持高质量标准至关重要。然而，要想做到工期的合理筹划和严格执行，并非易事，城市轨道交通工程的特殊性使得项目管理面临着更为复杂的挑战，因其常常受限于城市环境和交通管制，施工空间狭窄，施工条件复杂，环保管控严格，这就要求项目管理团队具备更高的执行能力和应变能力。同时，如果工期计划不合理或者执行不力，很容易导致工效下降、工序中断，甚至出现窝工怠工等情况，进而影响项目的履约质量，甚至引发项目延期。

运营管理就是用财务的语言将项目的价值以及管理过程中的业务结果量化和可视化，并把经营目标与项目目标有机结合，通过对这些显性化、可视化的结果进行分析、管控直至达到经营目标，提高项目的整体绩效和竞争力。本书针对核心的管控内容细化出六项成本管控内容和四项成本优化措施。其中，六项成本管控内容分别是：控两级管理费、控前期工程费、控临建工程费、控采购成本、精技术方案，优施工工艺和制定统一合同范本。四项成本优化措施分别是：深化设计，降低建造成本；抓进度、降管理成本；统一核算内容，确保成本真实、有效、可控；严控五额比（五额即合同额、产值额、计量额、支付额、结算额，需控制计量/产值比、支付/计量比、结算/合同比）。“6＋4”精细化成本管控体系旨在从源头上控制项目成本，提高资源利用效率，确保项目的经济效益最大化，助力企业保持竞争力从而更好地生存和发展。

在安全管理中，人是决定因素，其安全意识不足是事故发生的根本原因。安全管理的全面实施涵盖了安全管理策划、职责分工和具体措施。首先，在安全管理策划中，强调了实现安全意识的途径和设定了明确的安全管理目标，为后续实施奠定了基础，确保了整个项目在安全管理上的一致性和连续性。职责分工方面，总承包部和工区项目部各司其职，确保了整体项目在安全管理上的协同作战。在具体措施方面，总承包部需要采取一系列有力的举措，包括建立全覆盖的安全管理制度，实施高频次的安全巡查及检查，以及严格考核并刚性执行“四不放过”原则。同时，需要统一建立标段应急救援基地，加强项目的应急管理水平，为应对突发情况提供有力保障。工区项目部的具体措施则体现在刚性执行安全生产“五个到位”、严格执行“网格化”管理、实施“双控”机制并强调本质安全，特别是关注特种作业人员及设备准入，同时注重环境保护“十达标”要求。在强调了安全意识、刚性执行和全方位巡查检查的同时，全面提升了项目的安全管理水平。因此，安全管理成效不仅仅需要关注具体实践中采取的措施，更需要培育管理者、作业人员在思想上、意识上的主观能动性，通过各种方法在其脑中不断刻画不安全行为产生的后果，倒逼其对自己、对他人的每一项行为管理有如“吃饭、穿衣、睡觉”一般自然、规律，真正实现从“要我安全”到“我想安全，我会安全，我能安全”的质的转变。

质量管理的有效实施是确保工程项目高质量完成的关键环节，包括质量精细化管理策划、职责分工以及行为管控措施。在质量精细化管理策划中，明确了质量精细化管理的理念，以精细化管理最基本的特征（以人的内驱力为核心，重意识、重过程、重细节、重质效）贯穿质量管理全过程，同时明确总承包部和工区项目部的具体责任划分。在总承包部质量管理方面，采用了“三精”“四化”的精细化管理措施，包括对图纸方案、工、料、机的精控，技术交底的精控，以及标准化、刚性化、信息化、常态化的质量要求。同时，总承包部发挥龙头作用，统筹验收管理及创优评奖管理，推动整个项目质量提升。在质量管理的落实方面，规范成品、半成品及材料进场检验，抓好实体质量源头关；践行“样板引路”，树立质量标准，紧盯关键工序，注重工序转换；坚持标本兼治，狠抓质量隐患排查整治。这些要点旨在确保整个质量管理过程有序推进，从源头把控，通过标准引领、工序管理和隐患排查，实现高水平质量管理。通过以上质量精细化管理的理念、目标设定、职责分工和具体措施，项目可以实现全方位的质量管理质效提升，最终提高工程实体质量，为企业品牌、口碑的树立提供有力支持。

市场维护管理是企业管理领域中至关重要的一环，市场开发作为企业的关键板块，负责探索和开拓新的商业机会，包括市场调研、竞争对手分析、产品定位等关键活动，它不仅仅涉及企业在市场中的竞争力，还关乎企业长远发展的可持续性。在激烈的市场竞争中，需要通过多方面的策略和行动来保持和提升企业在市场中的地位和影响力，其成功与否直接影响到企业的业务扩张和品牌影响力，直接影响企业在激烈的市场竞争中是否能占据优势。项目管理则应通过整合资源、严控安全质量、紧盯进度、控制成本，确保项目高质量履约，实现“干一个项目、立一面旗帜、交一方朋友、守一方市场”，为企业的市场开发提供强有力的支撑，助力企业依托现场找准市场，实现现场与市场同频共振。因此，市场维护管理与项目管理密不可分，二者相辅相成，后文也具体论述了项目管理与市场开发的关系，如何通过项目精细化管理和市场维护管理的协同推进，助力企业增强市场竞争力、把握市场机遇，实现可持续发展的目标。

第二篇 聚焦五大管理

出 EXIT
往栖霞山
To QIXIASHAN
6号线
Line 6
往南京南站
To NANJING SOUTH RAILWAY STATION

第三章 履约管理——聚焦履约主线，兑现合同承诺

履约能力不仅是建筑企业综合实力的直接体现，更是企业信誉和口碑的基石。在竞争激烈的建筑市场中，安全、优质、高效地提供建筑产品，是企业生存和发展的基本能力，是衡量企业竞争能力的重要标志，更是企业能否持续经营的重要前提。为此实施精细化履约管理，旨在助力企业满足客户的各维度要求，助力企业提升经济效益、社会形象和品牌价值。

一个履约能力强的企业，往往能够在市场中获得更多的机会和信任，从而不断壮大自身实力。相反，履约能力不足的企业则很容易在市场中失去立足之地，甚至面临法律风险和财务危机，更谈不上未来的发展。因此，履约能力是施工企业综合实力的体现，以项目管理为抓手，提升工程项目履约能力是一个永恒的课题。

建筑企业必须始终坚持以客户为中心，不断提升自身的履约能力，按照合同要求建立高效的管理体系，在满足质量安全环保的前提下，通过有效的进度管控手段，在合同约定时间内为业主提供优质的工程产品，将项目精细化管理作为优质履约之道应用到工程建设管理之中，优化完善管理体制，从而满足工程建设行业和企业高质量发展的需要（图 3-1）。

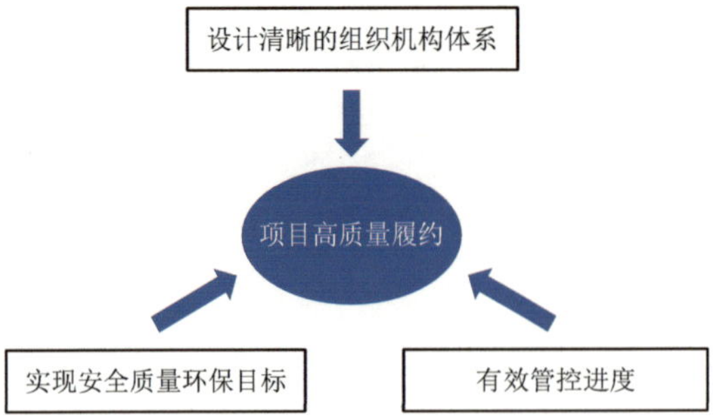

图 3-1　项目高质量履约要求

3.1　组织机构体系设计

总承包部要按照精细化管理的要求，在现有标准、体系和制度的基础上，进一步优化管理路径、压缩管理层级、制定和完善各类人员岗位责任制，建立集约、融合式组织机构，构建无差别化管理框架，最大化实现项目群系统效应，大幅提升总承包管理效率及经济效益。

3.1.1　集约融合式组织机构

组织结构反映了一个组织系统中各子系统之间或各元素（各部门或各管理人员）之间的指令关系，在大型工程项目的绩效管理和成功中起到非常重要的作用[9]。因此，城市轨道交通工程施工总承包项目设计清晰合理的组织结构对项目高效履约至关重要。

建筑企业在特定的城市或区域中，常常会同时开展多个同类项目，这些项目虽然各自独立，但在资源、人力、技术等方面却存在着极大的共享潜力。为了最大化地利用这些资源，实现从单体项目管理向更高效的项目群管理的转变，就显得尤为重要。

项目群是为实现组织的战略目标、经营目标和收益提供优势，而被协调管理的一组相关项目群组件所形成的临时结构。设立项目群的目的是实现与组织战略目标和经营目标相一致的、通过分别管理项目群组件无法实现的收益，项目群还可提高效率、降低风险、抓住机会，帮助实现利益相关方战略目标或经营目标。前文提及的大型施工总承包管理的“融合总承包部—工区项目部”模式即为典型的项目群组织管理模式。同时，项目管理也可不局限在单个项目群，在条件允许时，可拓展到多个项目群，甚至可拓展到项目组合（图 3-2）。项目组合是为实现组织的整体或部分战略目标，便于进行有效管理而组合在一起的项目、项目群及其他相关工作。例如，一个基础设施公司为实现其投资回报最大化战略目标，可将石油天然气、能源、水利、道路、铁道、机场等多个项目或项目群组合在一起。

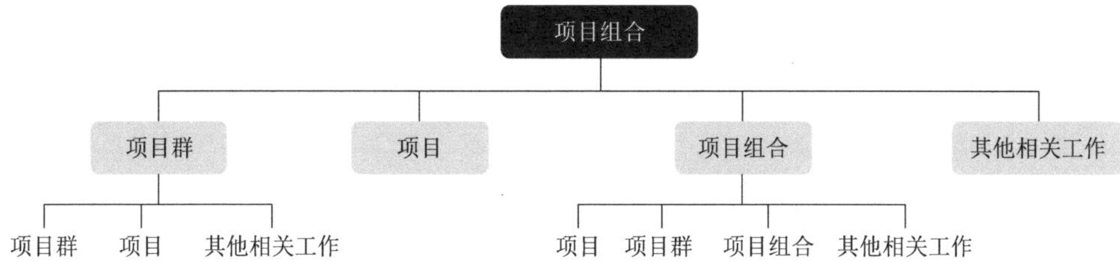

图 3-2　项目组合结构图

为实现从单体项目管理向更高效的项目群、项目组合管理的转变，首先需要打破部门间的壁垒，摒弃传统的条块分割式管理模式。通过压缩项目管理层级，减少决策和执行之间的中间环节，使得决策更加迅速、执行更加高效。同时，建立集约融合的组织机构，通过对组织结构进行优化，实现资源的集中调配和高效利用。

在此基础上，提升资源配置效率是关键。通过科学的方法和手段，对人力、物力、财力等资源进行合理配置，确保每一个项目都能得到充分的支持。同时，实现集约扁平、融合穿透式管理，使管理层能够直接了解项目一线的实际情况，及时作出决策，确保项目的顺利进行。

此外，还需要注重各参与方之间的利益协调。通过建立有效的沟通机制和利益共享机制，使各参与方真正成为利益、生命共同体，共同为项目的成功而努力。这样不仅可以增强团队的凝聚力，还可以提高项目的执行效率和质量。

最终，通过实现项目群、项目组合管理，建筑企业可以在保证项目质量的前提下，降低运营成本，提高市场竞争力，实现可持续发展。同时，这也将为企业树立良好的品牌形象，赢得更多的市场机会和合作伙伴的信任与支持。

案例分享

以某建筑施工企业在某城市轨道交通工程施工总承包项目管理群为例，其创新地构建了适用于城市轨道交通工程项目的“融合总承包部—工区项目部”两级强矩阵式网络组织结构。如第一章图 1-7 所示，该矩阵式网络组织结构的纵向是融合总承包部（总承包部），其代表联合体牵头单位负责统筹片区城市轨道交通工程项目的施工总承包管理，横向是各工区项目部，其代表其他联合体成员单位现场履约。这一组织结构能对现有和即将开展的一些项目进行有效集群管理。这些项目基于公司的战略目标，建立了共同的目标体系，各个项目形成合力，共同推动公司的发展。融合总承包部作为统一管理的核心，通过对项目集群的内部环境和外部环境的深入分析和把握，以适应性的方式关联各个项目，确保项目集群的整体效益最大化。

通过这种方式，该建筑施工企业不仅提高了项目管理的效率和水平，也创造出了超出集群个体项目总和的价值。这一创新性的组织结构，不仅为企业在南京地区的城市轨道交通工程项目管理树立了新的标杆，也为整个行业的发展提供了有益的借鉴和参考。

3.1.2 职能界面划分

1. 融合总承包部（总承包部）职责

融合总承包部（总承包部）是矩阵式网络的纵向组织机构，管理对象可以是一个大标段多个工区（单个项目）或两个以上大标段多个工区（项目群），对于项目群，实行管理不分离但履约分离的策略，即两个大标段项目设置以项目经理为主体的独立履约主体。设置总经理作为最高层管理，同时下设常务副总经理（即作为独立履约主体的总承包部总经理，在管理机构内为负责不同总承包部各项具体事务）、副总经理、总工程师等管理岗位。再下设职能部门（例如工程管理部、技术质量部、安全环保监督部等），用同一套管理体系对各工区项目部的具体业务进行直接、统一管理，重点履行“统筹、引领、支撑、服务”四大职能。融合总承包部不仅是企业内部的管理核心，更是企业实现战略目标、提升片区化管理效率、优化资源配置的重要工具。

融合总承包部的具体管理职责：（1）对两个及两个以上项目所形成的项目群进行全面管理，统一调度、集中管控、穿透管理，对项目群项目现场进度、质量、安全、环保、成本、资金、风险等管理工作全面负责；（2）建立健全总承包部管理体系和制度，全面推行并落实集约穿透式管理要求，加大宣贯力度，统一思想，建立共识，全面强化集约穿透式管理的理念认同和行动认同；（3）牵头组织编制项目总体策划，明确管理路径和目标；牵头组织工区编制实施性策划并监督实施；统筹组织各工区开展施工组织设计，提高项目施工组织的整体科学合理性；（4）通盘考虑项目群资源配置，弹性调配生产资源，避免项目群项目间可共享资源的重复配备，对现场各类生产资源进行合理、动态调整。

2. 工区项目部职责

工区是现场的管理、履约和成本控制主体，主要发挥强执行、抓现场两大职能。具体管理职责例如：（1）接受总承包部领导，执行总承包部各项决策和部署，对现场施工管理直接负责；（2）对工程进度、安全、质量、环保、成本等现场管理直接负责，强化对分包单位的管理；（3）推荐合格分包单位及供应商资源供项目择优选用；（4）提供物资需求计划，参与并配合总承包部做好物资招标采购工作；负责现场物资的保管、使用、盘点、处置等工作。

3.1.3 融合组织结构效能

借助于“融合总承包部一工区项目部”两级强矩阵式网络组织结构，能够大幅提升总承包管理的效率，无差别化管理、经济效益、项目群系统效益明显，真正打造高质量轨道交通团队，构建了利益共同体，凸显了施工总承包管理模式以及“融合总承包部—工区项目部”组织结构在城市轨道交通工程项目施工管理上的优势。图 3-3 展示了该组织结构的多维度效益及实现路径。

1. 精简管理机构，管理效率提升

融合总承包部领导班子统筹管理项目群系统内的各施工总承包项目，分管具体业务、

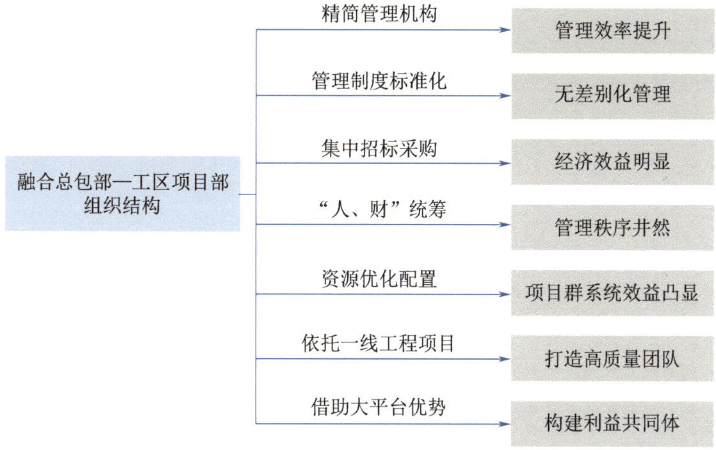

图 3-3　融合总承包部—工区项目部组织结构的多维度效益及实现路径

职能部门和包保责任工区，直插工区项目部管理，达到简化信息传递和指令传达、提高管理效率的目的。融合总承包部的六大职能部门（工程管理部、技术质量部、安全环保监督部、运营管理部、财务资金部及综合管理部）按照项目群系统内各项目的具体需要，设置一部、二部等分管各个施工总承包项目，做到既集中，又相对独立，共同协作，实现管控有效，最终达到集约穿透式管理实施方案精简部门、精减人员、提高工作效率的目的。

2. 管理制度标准化，无差别化管理

融合总承包部牵头成立技术方案集中编制工作组，建立同类技术方案统一模板库，统一编制标准，提升方案编制质量；同时建立由 5～10 名具有 10 年以上城市轨道交通工程施工经验且具备高级及以上职称的人员构成的技术专家顾问组，参与重大技术方案编制全过程，对方案的质量提出合理化建议；编制完成后，同类重大技术方案由专家组集中评审，改进质量的同时提高效率，便于形成方案标准。此外，融合总承包部牵头组织编制项目总体策划，明确管理路径和目标；统筹组织各工区项目部制定进度、安全、质量、环保等管理制度体系，并制定各工区管理绩效评价办法；实现项目群系统内各施工总承包项目、各工区项目施工过程无差别的标准化管理，促进项目群系统内各项目管理水平的整体提高。

3. 集中招标采购，经济效益明显

发挥集团公司集中采购优势，融合总承包部统筹成立招标领导小组、工作小组、评标专家委员会以及招标监督小组，对项目群的大宗材料（钢材、铜材、水泥、混凝土、防水材料、管片螺栓、人防、管片、管片背后填充砂浆等）、大型设备（盾构机、门式起重机、电瓶车、履带起重机等）、工程劳务与专业分包（混凝土供应商、围护结构队伍、土石方队伍、主体队伍、钢支撑、盾构管片等）以及技术咨询服务（造价咨询、第三方“三测”等）等进行统一组织采购招标、合同签订、计量结算、资金支付。

4. “人、财”统筹，管理秩序井然

本着“集中、节约、高效”的原则进行集约管理，融合总承包部对项目群系统内各施工总承包项目的“人、财”集中管控、统一配置。人员方面：融合总承包部对项目群系统内各施工总承包项目的各工区管理人员配置进行统一管理，管理人员总数按照人均年产值不低于500万元确定，岗位设置和人员配置向现场生产一线倾斜，严格控制非生产管理人员数量。资金方面：融合总承包部对两个项目资金进行统筹管理，按照建设单位计量、拨款规则，无特殊情况，对工区执行单月计量、双月拨款制度，对两个大标段项目的资金进行独立结算和考核。融合总承包部对项目群系统内各施工总承包项目的工区管理费、分包单位计量款拨付、材料款拨付等对外支付进行严格控制，未经总承包部审批，不得支付。

5. 资源优化配置，项目群系统效益凸显

融合总承包部通盘考虑安全、质量技术等培训资源，针对各工区共性问题，统一安排培训教育活动，实现资源共享。融合总承包部通过每周例会了解各工区前期工作开展状况，对于相对落后或困难的工区，发挥融合总承包部集中调度的优势，协调其他工区给予支持和帮助。对于由于资源不足，进度出现延误的工区，通过建立资源共享、抢工增援、精准帮扶等机制，积极为延误工区提供帮扶，即在需要的情况下，在工区之间进行资源调配，如盾构机、劳动力等，帮助延误工区赶工，保证总进度计划按计划进行。

6. 依托一线工程项目，打造高质量团队

依托“融合总承包部一工区项目部”两级强矩阵式网络组织结构，配备高水平的管理团队成员。通过项目一线的实战磨炼，在项目一线打造一支业务强、执行力强、素质高、懂管理、善经营的轨道交通团队，平台以团队中的人才为支撑体系，形成平台人才高地，全面助力“交通强国建设试点单位”建设。

7. 借助大平台优势，形成利益共同体

大标段施工总承包单位依托集团公司及所属各个工程局的雄厚实力，构筑起一个具备强大影响力和吸引力的大平台。这个平台如同一座磁石，吸引着众多优质的、具备丰富经验和卓越实力的单位，寻求长期稳定的合作。通过精心构建高质量的关系网络，大标段施工总承包单位与这些合作单位形成了紧密的利益共同体。在这个共同体中，各方资源得以充分整合，优势得以互补，形成一股强大的合力，确实保障了项目的质量和进度，甚至能够突破重大技术难题，不仅提升了整个集团的市场竞争力，还推动整个行业的技术进步和管理创新，为城市、为国家的发展贡献重要力量。

3.2 进度管控

进度管理是工程建设过程中的重点内容，其不仅能反映施工单位的合同履约能力，还能体现其对施工范围的控制能力，彰显工程总体管控效果。

城市轨道交通工程由于所处城市环境及自身特点，制约工期的因素较多，主要包括：

（1）前期工作手续繁琐、时间长，需要与政府主管部门、产权单位进行大量的对接、协调。

（2）设计不稳定，进场后现场等图纸的现象多有发生。

（3）施工阶段外界干扰因素多，有效作业时间受限，城市轨道交通工程受城市环境[周边建（构）筑物保护、大气环保、水土环保、声噪管控、交通保通]、文物保护、涉军、涉铁、涉油气管线及人文环境（居民投诉）等因素制约，无法持续作业。

在项目实施前，若未能对工期进行合理的筹划，缺乏针对性的资源配置，那么项目的顺利进行将面临巨大的挑战。资源分配的不合理往往会导致在实施过程中工期计划的执行困难重重。一旦工期计划无法得到严格执行，一系列问题便会接踵而至：工效可能显著下降，原本紧凑的工序可能出现间断，甚至会出现窝工怠工的不利局面。此外，对于分部分项工程及节点目标的完成情况，如果不能及时发现偏差并进行快速纠偏，那么项目的整体进度将受到严重影响。更为严峻的是，城市轨道交通工程本身具有许多特有的不利因素，如地质条件复杂、施工环境受限等，这些都为项目的顺利进行增加了难度。因此，当以上问题交织在一起时，工期超过合同工期、项目履约质量低下便成了常态，给项目的顺利进行和企业的声誉带来了极大的损害。为了避免这种情况的发生，项目团队在项目开始前就必须进行周密的筹划和准备，确保资源的合理配置和工期计划的严格执行，同时在实施过程中要时刻保持警惕，及时发现问题并进行纠正。

城市轨道交通工程进度管理存在难点，有效的进度管理首先需要制定明确的、可落实的进度管理目标。在明确的进度管理目标，即“确保总工期可控”的前提下，构建城市轨道交通工程施工总承包管理的进度精细化管理体系（图 3-4），其中构建进度管理组织机构是实现进度管理的人员保障，进度计划、进度控制和进度考核是进度管理的核心内容。

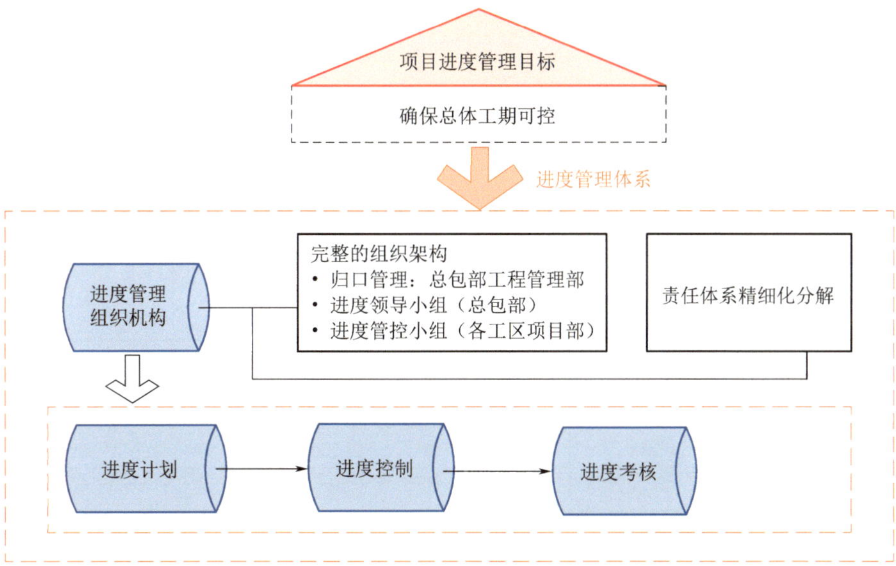

图 3-4　城市轨道交通工程施工总承包管理的进度精细化管理体系

3.2.1　明确界面标准，统筹接口管理

施工总承包是一个有机的整体，是一个动态的过程，系统的功能常常是通过系统单元之间的互相作用、互相联系和互相影响实现的。项目各单元之间、总承包和外部环境之间都存在着复杂的关系，即它们之间存在着接口。

城市轨道交通工程的大量工作都需要解决接口问题，各管理环节之间的接口管理，如纵向管理中的设计与采购、设计与施工、设计与试运行、采购与施工等之间的工作接口。

同一环节的接口管理，如总承包设计与分包设计的接口、施工总承包与分包的接口、机电专业各设备间的接口。

各专业间的接口管理，如土建与机电、机电与装修等；组织管理中的场地接口、时间接口等诸多内容。

所以接口必须经过精心组织和设计，纳入整个施工总承包管理范围中。

1. 接口管理原则

（1）责权清晰原则

由于项目的复杂性以及专业的细致化，导致一些结构在空间、时间上交叉性很强而难以拆分，并容易出现工作漏项、相互推卸责任的现象。因此，需要在分包合同中明确分包队伍的任务目标和职责范围，即明确分界点。

（2）归类整合原则

在对工程内容进行拆分时，应考虑到项目本身的内在联系和技术复杂性，同时应考虑专业性。分包必须确保整个合同项目管理工作的统一性和一致性。为了简化层次，减少接口，将技术相关度大、协调管理难度高的界面尽量归类整合，以减少不必要的接口数量，以利于提高项目管理效率。例如，对于设计、施工都较为复杂的大型项目，可以考虑采用设计—施工的模式进行发包，同时在招标阶段中尽可能优化设计方案。

（3）动态控制原则

在工程项目的各个阶段，由于接口管理任务与接口内外环境的不断变化，接口的划分不仅要有利于初期的管理控制，也要适应组织目标或任务的变化。

2. 前期工作接口

（1）接口划分表

城市轨道交通工程前期工作外部接口划分如表 3-1 所示，由建设单位、总承包部、各工区项目部按不同职能进行管理。

前期工作外部接口划分一览表　　表 3-1

序号	实施单位工作内容	工作划分		
		建设单位	总承包部	各工区项目部
1	临时征地	协助	统筹	主办
2	永久征地	主办	统筹	协助
3	管线迁改	协助	统筹	主办
4	交通疏解	协助	统筹	主办
5	绿化迁移	协助	统筹	主办
6	临水	协助	统筹	主办
7	临电	协助	统筹	主办
8	涉铁、河、沟、油、气、热力管线	主办	统筹	协助

（2）管理机构

总承包部指定 1 名副总经理负责全面管理前期工作；总承包部设工程管理部，作为前期工程的归口管理部门，负责项目前期工作的具体事务。

各工区项目部设一名专职副经理，负责辖区内前期工作的管理，并设置前期工作部，负责前期工作的具体实施。

前期工程实行总承包部各部门分工协作的管理制度，各业务部门各负其责，开展属于其管理范围内的各项工作。工程管理部为主办部门，技术质量部、安全环保监督部、财务资金部、运营管理部等部门为总承包部内部协作部门，各工区项目部为实施主体（外部协作）单位。

总承包部要做到靠前指挥、积极主动对接协调，大力推动占地征拆、交通疏解、管线迁改等前期工作，为工程快速进入实体施工创造条件。

（3）管理重点

1）前期调查

设计稳定后结合产权单位提供的相关资料，进一步摸清、核实各站点实施周边建（构）筑物情况、管线情况、绿化情况及道路交通等情况，确保现场资料的全面性和准确性，避免因调查不详实而影响工程的正常实施。

2）设计的配合与协助

与工点设计单位沟通，在主体工程设计时，应尽量减少管线迁改量；在确定管线迁改设计方案时，与产权单位及设计单位认真讨论、分析，确定最优、最有利方案，原则上以一次性改迁到位为主。

与管线权属单位沟通，依据现场条件及施工组织、工艺要求，以有利于组织施工为原则，初步拟定合理的、可实施性的路由方案，为管线综合平衡规划设计提出建议。

3）进度控制

前期征拆、迁改工作已成为城市轨道交通工程项目施工中的控制要点，施工过程中，主体与迁改施工要密切配合，合理安排交叉工序，做好施工时序统筹，节省时间、人力、机械等成本。

4）安全、质量控制

把前期征拆、迁改施工的安全质量管理纳入主体工程施工的安全质量管理体系，由总承包部及各工区项目部的归口管理部门按管理制度要求做好相应的安全、质量及文明施工等管理工作。重视对前期迁改施工安全质量的监控，每条管线迁改的实施要满足管线产权单位的要求，对于涉及石油、天然气管道的迁改要制定专项施工方案和安全应急预案，加强与产权单位对接，确保安全的前提下方可实施迁改。

5）统筹管理

总承包部建立前期工作沟通协调机制，以前期工作部为主导，牵头各工区项目部与政府主管部门、建设单位、设计单位、产权单位、监理单位等建立良好的沟通机制和渠道，推进前期工程工作的顺利开展。对外协调工作主要由总承包部牵头，各工区项目部具体实施，各有侧重、各负其责。

3. 施工阶段接口

施工阶段接口管理主要指包括接收场地移交以及与相关专业施工单位之间的沟通协调管理，可由总承包部牵头负责相关专业施工单位沟通协调，各工区项目部配合。

（1）场地移交流程

1）相邻标段场地移交根据相邻标段现场实际施工进展及总承包部总体施工计划，总承包部牵头、各工区项目部配合，由建设单位召开场地移交协调会，工区项目部与其签订施工安全协议，明确责任、义务及注意事项，按照既定的时间节点进入施工场地，进入场地后服从相邻标段在安全、文明施工方面的管理，确保安全生产。

2）接收单位提前一个月向总承包部工程管理部进行申请，工程管理部根据接收单位与移交单位的施工计划组织召开场地移交协调会，确定最佳移交时间。

3）场地正式移交前7天，双方查勘现场并签订施工安全协议，明确责任、义务及注意事项。

4）接收单位按照既定的时间进入接收场地，并服从移交单位的现场管理，按照协议条款负责场地的安全与文明施工。

5）施工完成后清理接收场地，进行场地归还。

（2）与相关专业施工单位沟通协调流程

1）总承包部牵头负责相关专业施工单位沟通协调，各工区项目部配合。

2）铺轨单位进入施工场地，由总承包部牵头统一协调，按照接口管理流程完成场地移交。

4. 竣工验收接口

竣工验收阶段接口管理主要指总承包部与竣工验收相关单位（建设单位、勘察、设计、施工、监理、轨道站等）的协调管理。

工程移交在合同约定的工程施工完成后，在建设单位组织下，由总承包部牵头，各工区项目部配合完成竣工验收，提交竣工验收报告，完成工程移交。

（1）工程竣工验收组织

工程竣工验收应由项目发包人组织。工程项目达到竣工验收条件时，项目发包人应向负责竣工验收的单位提交竣工验收申请报告。

（2）工程竣工验收计划

应根据工程实际情况、竣工验收标准、工期要求等内容编制工程竣工验收及交付计划。竣工验收计划应包含工程竣工验收及交付流程、剩余工作内容、相关责任人、计划完成时间等内容。

（3）工程资料归档与移交

1）工程资料的管理原则

工程资料应与工程项目的建设过程同步形成，并应真实反映工程项目的建设情况和实体质量。工程资料管理应制度健全、岗位责任明确，并应纳入工程建设管理的各个环节和各级相关人员的职责范围。工程资料的套数、移交时间应在合同规定的基础上，充分与各档案馆沟通后确定。工程资料的收集、整理、组卷、移交及归档应及时。

2）工程资料移交

施工单位应向建设单位移交施工资料；监理单位应向建设单位移交监理资料。工程资料移交时应及时办理相关移交手续，填写工程资料移交书、移交目录。配合建设单位按国家有关法规和标准的规定向城建档案管理部门移交工程档案，并办理相关手续。

3）工程档案归档

工程资料归档保存期限应符合国家现行有关标准的规定，且应满足工程质量保修及质量追溯的需要。

3.2.2 严格施工计划，确保节点目标

进度计划是在工作分解结构的基础上对项目实施中各项工作在日程时间进度方面所做

的安排，是项目管理和进度控制的基本依据，也是其他各项目计划的基础。通过进度计划的编制，促使工程实施各阶段形成一个有机整体。

将施工阶段进度计划体系分为六级，即总进度计划、年度进度计划、季度进度计划、月度进度计划、周进度计划以及针对关键节点编制的关键节点进度计划。

进度计划编制应包括不限于编制说明、产值、形象进度计划、资源投入及配置计划、相关专项辅助计划及带有逻辑关系的横道图、关键控制性工程网络计划图等内容。

1. 各级进度计划的编制原则

（1）总进度计划

由工程管理部牵头组织编制，依据合同文件、施工重难点、征地拆迁、管线迁改、设计文件提供进度等，会同各工区项目部共同完成，报监理单位和建设单位审批后作为整个项目进度管理的控制性文件。

（2）年度、季度、月度、关键节点计划

总承包部编制并下发各工区项目部的年度、季度和月度进度计划，作为总承包部对各工区项目部进行年度和季度考核的依据；各工区项目部根据总承包部的年度计划、季度和月度计划进一步分解，配置资源、紧抓落实。

关键节点计划是土建施工关键工序之间的转换节点，如围护结构开始施工、基坑土方开挖、主体结构封顶，盾构始发、盾构接收等；或建设单位、总承包部根据不同阶段现场实际情况为按期实现某一节点而制定的关键节点计划，关键节点计划一般随年、季、月度施工计划一并下发，或以会议纪要、专项施工计划形式下发各工区项目部执行。此计划将作为总承包部对各工区项目部进行进度考核的基本依据。

（3）周计划

由各工区项目部根据月度进度计划进行细化分解。

2. 各工区项目部进度计划的编制要求

（1）编制年、季、月度计划，注重计划编制的严肃性，实事求是、符合客观实际；

（2）进度计划必须在合理的施工方案前提下编制，要明确控制进度的关键线路，明确分项工程及阶段性生产进度目标；

（3）计划工期必须根据合同要求及总承包部下达的具体要求进行安排，计划工期必须按期完成；

（4）施工生产组织措施应连续、均衡施工，采用流水作业方式，条件允许情况下尽量采取平行作业；

（5）充分考虑施工期间季节、气候、外围环境、征地拆迁等综合因素对进度计划的影响；

（6）进度计划的编制应该有人员、材料、机械等资源保证措施。

3.2.3 紧盯关键线路，拆解重点难题

总承包部始终坚持“进度致胜、产值为王”的理念，本着“早谋划、早进场、早开工，早日形成大干高潮”的原则，做到靠前指挥、破解难题，推动关键工序按时开工，适时对部分单位工程的施工顺序予以调整。

（1）各关键节点工期目标进行详细分解，细化工作内容、工程量，明确施工资源

配置；

（2）各关键节点工期目标落实到责任人；

（3）在周生产例会上，对进度滞后提出解决方案，包括加大施工资源投入、时间投入等，必要时采取“任务分割”的措施；对影响关键节点工期目标的共性或个性问题（征拆不及时、资金紧缺、资源配置不足、分包队伍能力有限等）重点管控；

（4）严格预防非关键线路成为关键线路。

3.2.4 坚持“四有”原则，严把分包准入

严格分包商准入门槛，做到优中选优，严格按照有管理能力、有经济实力、有施工业绩、有市场诚信的“四有”原则选择分包商（专业分包＋劳务分包＋供应商）。

分包商必须通过以下审查标准：

（1）营业执照、资质证书、安全生产许可证、一般纳税人证明、施工业绩、资金能力等；

（2）项目所在地域轨道交通工程施工业绩，熟悉当地的地质情况，业主的管理流程、制度；

（3）关键岗位人员必须要有本单位六个月以上的社保缴纳证明；

（4）严控劳务分包单位来源：劳务分包单位必须来自二级公司合格分包单位库中，并且该劳务分包单位在上一年度二级公司评价结果为B级以上的单位；

（5）总承包部对实际到场的主要管理人员进行现场施工组织能力考察，如现场组织能力不满足现场施工需要，要求工区对现场主要管理人员进行更换，并适当降低付款比例；如劳务协作单位主要管理人员不到场要实施处罚，并抄送所属工区项目部上级主管单位。

3.2.5 建立监控机制，过程及时纠偏

根据合同工期及项目策划，组织制定总体施工计划及分解计划，过程盯控形象进度、产值完成指标，通过定期召开生产例会、进度专题会、开展劳动竞赛、进度预警通知、约谈、红黄绿牌等管理手段，做到及时发现问题，及时纠偏，这些举措有力地支撑了每一年度产值的完成和关键节点目标的实现。

1. 进度监控

通过进度统计报表对进度进行动态持续监控。

（1）进度统计报表分日、周、月、季、年度报表。进度统计报表是反映施工进度、施工动态、施工动向、平衡生产的一个基本依据。

（2）各工区项目部应按时上报日、周、月、季、年施工统计报表，并按总承包部要求报送有关施工资料及台账。

（3）每日将进度日报在项目工作群内进行通报，对存在的问题进行原因分析。

（4）施工进度统计报表的编制统一按规定的表格要求和规定格式、内容填报。严禁存在虚报、瞒报、伪造、篡改、拒报和迟报统计资料的行为；如有发生，有权要求工区项目部更换责任人。

（5）设置统计台账，统计资料保管完整。

（6）严禁违规发布统计信息行为；如有发生，有权要求工区项目部更换泄露责任人。

（7）统计资料上报质量连续两次不符合要求时，有权要求更换上报责任人。

（8）统计检查结果纳入项目工程管理部的月度业务考核中。

2. 进度动态纠偏

总承包部每月对进度计划和控制目标进行评价。

（1）关键节点：因客观因素导致工期滞后，通过努力采取措施后仍无法挽回，但预计调整目标后不影响后道工序工期和其他里程碑节点目标的实现，由总承包部向监理单位、建设单位提出申请，经批准后方可执行。

（2）非关键节点：因客观因素导致工期滞后，通过努力采取措施后仍无法挽回，但预计调整目标后不影响任何关键节点目标的实现，由总承包部分管领导同意后执行。

（3）年（季、月）度计划：在执行过程中发生工期滞后，但不影响任何里程碑节点及后续工作的，视影响程度可进行过程动态调整；如因客观因素导致工期滞后，经监理单位、建设单位认可后，目标可予以调整。

（4）进度计划发生重大调整影响项目工期时，总承包部应按建设单位的相关规定办理手续，并报上级公司备案。

3. 进度预警

为确保年度及关键节点目标完成，总承包部对各工区项目部施工进度实施预警管理。

原则上每月对进度完成情况进行一次分析，施工进度完成比率不足80％的，及时发出预警，并联合各工区项目部查找影响工程进度的原因，采取针对性纠偏措施。

（1）例会制度

1）四级例会体系：周例会原则上每周召开一次；月例会为每月末召开；季度生产例会于季末同月例会结合召开（二季度、四季度与半年度、年度会议合并召开）；同时根据管理实际需要，组织召开各类专题会。

2）各工区项目部应当在总承包部生产周（月）例会上汇报进度计划完成情况，未完成原因及整改措施。

3）总承包部工程管理部在生产周（月）例会上汇报各工区项目部进度计划情况：

①提醒通知：当月实际完成工程量不足月度计划80％时，由总承包部工程管理部对该项目部发出提醒通知；

②预警通知：对连续两个月不能完成计划80％的项目部列入预警管控状态；并对相应项目部发出预警通知，上报总承包部总经理。

4）各工区项目部收到施工进度预警通知后，上报未完成计划的详细原因及整改措施的书面资料，总承包部工程管理部组织预警分析会，视情况邀请参建单位生产部门负责人或分管领导参加，共同制定纠偏措施并监督落实。

5）纠偏措施执行实施，项目进度恢复正常后消警。

（2）总承包部约谈制度

约谈是指总承包部对施工进度出现较大偏差等情况在约定时间内进行的约见谈话，例如没有完成建设单位或总承包部下达的节点目标，导致建设单位或监理通报时可以启动约谈制度。

1）约谈流程

约谈前总承包部向被约谈单位发出约谈通知。约谈通知单上应注明被约谈单位名称、被约谈人姓名、约谈事项、约谈时间、约谈地点、需要提交的相关资料等。被约谈人应按照约谈通知要求准备书面材料，内容包括：约谈事项基本情况、经过、性质、原因分析及教训、采取的措施，生产现状，存在的主要问题和整改措施等。被约谈人对事故的情况或存在的问题进行说明，内容包括：原因及处理经过，目前存在的问题，应吸取的教训和采取的措施。约谈小组就有关情况提出询问，被约人答复；总承包部安排专人进行记录，形成书面约谈纪要；被约谈单位应当在约谈后7个工作日内，向总承包部呈递约谈要求的落实情况报告。

2）约谈后的处理决定

约谈小组根据不同的情形对被约谈对象，做出以下相应的处理决定：责令做出限期整改书面承诺；责令被约谈人书面检查；通报批评；根据情况进行人员调整。以上决定可单独适用，也可以合并适用。

（3）红黄灰绿警示制度

红、黄、灰、绿牌警示是指总承包部在建设工程监督检查和日常管理过程中，对各工区项目部发生的未按合同约定履责、节点工期延误，存在质量安全隐患或不符合有关规范规程等规定、发生质量安全事件或事故、出具虚假报告、材料或设备供应影响工期进度或质量不符合要求等情形，而对负有责任的单位实施提醒、警示或处理的措施。红、黄牌有效期限自警示文件中规定之日起，至当年年底结束。

1）发牌依据

经总承包部下达的各工区项目部月（季）度进度计划、年度进度计划；建设单位下发的总体、年度、月度投资、建设计划；总承包部下达的里程碑节点工期；建设单位下发的有关安全生产及进度管理制度；一事一评发牌事件表（表3-2）。

一事一评发牌事件表　　表3-2

牌型	事件描述
红牌	(1)对于进度滞后问题经总承包部提出要求后拒不执行。 (2)按照施工进度计划，应该开工的工点由于自身原因严重拖后。 (3)由于自身原因对关键线路工程造成滞后，或非关键线路变为关键线路。 (4)月度产值完成比例不足50%；关键形象目标完成比例不足70%；关键节点目标未完成
黄牌	(1)对于进度滞后问题经总承包部提出要求后执行不彻底。 (2)按照施工进度计划，应该开工的工点由于自身原因拖后。 (3)施工人员、机械设备配备与进度计划严重不符。 (4)由于自身原因造成材料短缺严重影响施工进度的。 (5)月度产值完成比例不足70%；关键形象目标完成比例不足90%。 (6)根据目前完成情况及正常施工工效可预判关键节点目标无法按期完成
灰牌	(1)未成立进度管理组织机构，或组织机构不完善经检查发现后仍整改不彻底。 (2)未按施工组织设计及专项施工方案组织施工影响工程进度的，总承包部下发提醒(警告)通知后仍未按期整改。 (3)施工人员、机械设备配备不足影响施工进度的，总承包部下发提醒(警告)通知后仍未按期整改。 (4)由于自身原因造成材料短缺影响施工进度的。 (5)月度产值完成比例不足90%、关键形象目标未完成。 (6)根据目前完成情况及正常施工工效可预判月度关键形象目标无法完成
绿牌	(1)月度产值完成比例超130%，且形象进度与关键节点全部完成。 (2)能够严格执行总承包部合理化指令或建议，关键线路或关键工程取得突破性进展的。 (3)工程进度平稳、可控，能够按施工进度计划稳步推进，重要节点工程能够按期完成，可视情况发绿牌

2）奖罚标准

红、黄、灰、绿警示的奖罚标准见表 3-3。具体地，红牌：约谈各工区项目部对应的二级公司、三级公司主管领导，根据情况要求撤换项目经理，并进行相应金额罚款；黄牌：1 次黄牌进行相应金额处罚，约谈项目经理；连续 2 次黄牌，约谈项目经理，并进行全线通报；连续 3 次黄牌约谈各工区项目部对应的三级公司分管领导，按照红牌执行；灰牌：对苗头性、一般性问题予以灰牌提示，不奖不罚；绿牌：给予绿牌对应金额奖励；连续 2 次绿牌，全线通报表扬，并单独发表扬文件至所在各工区项目部对应的三级公司；连续 3 次绿牌，全线通报表扬，并单独发表扬文件至所在二级公司。

红、黄、灰、绿警示的奖罚标准　　表 3-3

<table>
<tr><th rowspan="2">序号</th><th rowspan="2">发牌类别</th><th rowspan="2">考核对象</th><th rowspan="2">考核周期</th><th colspan="3">得牌次数及奖罚措施</th></tr>
<tr><th>单次</th><th>连续 2 次</th><th>连续 3 次及以上</th></tr>
<tr><td>1</td><td>绿牌■</td><td rowspan="4">各工区项目部</td><td rowspan="4">月度</td><td>全线通报表扬</td><td>全线通报表扬
发表扬文件至三级公司</td><td>全线通报表扬
发表扬文件至二级公司并给予经济奖励</td></tr>
<tr><td>2</td><td>灰牌■</td><td colspan="3">不做奖罚处理</td></tr>
<tr><td>3</td><td>黄牌■</td><td>约谈项目经理</td><td>约谈项目经理，全线通报批评</td><td>约谈三级公司分管领导</td></tr>
<tr><td>4</td><td>红牌■</td><td>约谈三级公司分管领导</td><td>约谈三级公司法人主管领导</td><td>约谈二级公司分管领导、撤换工区项目经理并给予经济处罚</td></tr>
</table>

发牌数量计算周期：连续 3 次获得同色发牌后重新计算连续得牌累加次数，所有奖惩金额全部纳入总承包部项目考核基金。

3）黄、灰牌的自动升级与解除

工区项目部收到第一张灰牌至有效期结束前，累计收到三张灰牌警示的，自动升级为一张黄牌警示，并下发黄牌警示文件，同时两张灰牌警示解除；收到第一张黄牌警示起至有效期结束前收到第三张黄牌警示的，自动升级为一张红牌警示，并下发红牌警示文件，同时两张黄牌警示解除。

3.2.6　树立目标导向，发挥考核效能

确保精细化管理有效运作其根本在制度，关键在领导，成败在考核。严格考核，坚持以产值目标为导向，以“60 分＋”作为评价工区项目管理质效的核心指标，60 分为产值达标分，非 60 分即为 0 分。刚性推行以安全、质量为前提，以进度为核心的综合考核，明确奖罚标准，一切以数据为说话，不以某个人意志为转移，真正实现了考核制度的公平公正，为工程的顺利推进不断注入源动力。

考核按周期分为季度考核、年度考核及竣工后考核，按类别分为综合考核、专项考核，其中综合考核由进度考核、业务考核构成，进度考核以进度产值完成情况进行。考核组确定对各类考核的考评结果。工作小组负责按照管理办法按期组织考核，并形成考核报告。

1. 绩效评价体系

项目管理绩效侧重于项目本身的流程和控制过程的有效性，包括进度管理、成本管理、质量管理等领域[10]。据此以按期、可靠、优质、安全、高效、经济、绿色、创新的施工总承包管理目标，构建如图 3-5 所示的城市轨道交通工程施工总承包管理绩效评价体系。

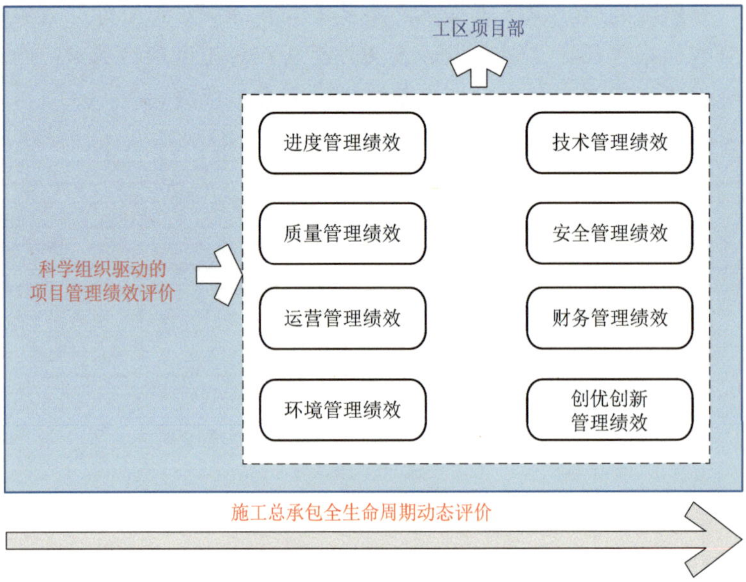

图 3-5 城市轨道交通工程施工总承包管理绩效评价体系

在施工总承包全生命周期建立了以工区项目部为对象的管理绩效动态评价方法与指标体系，确保“前期工作→施工阶段→竣工验收”施工生产全过程的可控。对各工区项目部管理绩效的评价涵盖了施工总承包项目管理五大板块中的八大子项，即进度管理绩效、技术管理绩效、质量管理绩效、安全管理绩效、运营管理绩效、财务管理绩效、环境管理绩效以及创优创新管理绩效。

2. 科学组织驱动的项目管理绩效评价体系与方法

以工程实施中的月度、季度、年度过程性评价为主，以工程竣工后的总结性评价为辅。过程性评价包括进度管理绩效、技术管理绩效、质量管理绩效、安全管理绩效、运营管理绩效、财务管理绩效、环境管理绩效以及创优创新管理绩效八个领域。可以按照总承包部与各参建单位签订的项目经营承包协议总额的一定比例提取项目绩效基金，该绩效基金为工区项目部管理绩效过程性评价的奖金来源，其中季度绩效基金占比 75%（即当季实际完成产值×1%×75%），年度绩效基金占比 25%（即当年实际完成产值×1%×25%）。绩效基金采用“统筹管理，包干使用”的原则，按各工区绩效评价结果进行奖罚兑现。

对于技术管理绩效、质量管理绩效、安全管理绩效、运营管理绩效、财务管理绩效、环境管理绩效以及创优创新管理绩效七个领域的评价，以“一月一考核，一季一兑现”为考核原则，以月度为周期，以季度内各月的平均得分作为季度管理绩效得分，以年度内各月的平均得分作为年度管理绩效得分。季度和年度评分排名前三的工区，按一定比例分别分配季度和年度管理绩效奖励基金。进度管理绩效评价方法存在一定差异，具体如下所述。

(1) 进度管理绩效

为实现项目总体工期可控的进度管理目标，应构建总进度计划、年度进度计划、季度进度计划、月度进度计划、周进度计划以及关键节点进度计划等多级进度计划体系。其中，季度进度计划是评价各工区季度进度管理绩效的依据，而年度进度计划则是评价各工区年度进度管理绩效的依据。

各工区季度进度管理绩效可包括施工产值、关键节点两个维度。季度施工产值以总承包部下发的当季度施工产值计划为依据，每季度末对当季施工产值计划完成情况进行统计，计算施工产值完成率。将施工产值完成率作为进度管理绩效评价指标，评定各工区进度管理绩效等级，按照等级取相应系数计算奖励金额。季度进度管理绩效等级及等级调整奖励系数 K 可以表 3-4 作为参考。

季度进度管理绩效评价指标、对应等级及等级调整奖励系数 K　　表 3-4

评价指标值域	进度管理绩效等级	等级调整奖励系数 K
施工产值完成率≥100%	A	0.9～1.0
90%≤施工产值完成率<100%	B	0.6～0.8
80%≤施工产值完成率<90%	C	0.3～0.5
施工产值完成率<80%	D	0

季度关键节点是根据季度施工进度计划，结合建设单位的要求，总承包部对关键工程及重点工程下达的季度节点目标（例如表 3-5）。季度末依据节点完成数量及单个节点对应的金额确定奖励金额。

季度关键节点考核奖励项目表　　表 3-5

序号	名　称
1	车站涉及交通疏解，实现围挡封闭前两名
2	按计划取得盾构区间下穿铁路施工许可的前三个工点
3	按计划完成涉油、涉气(川气)管线迁改
4	按节点要求开始围护结构施工的站点
5	按节点要求开始浇筑主体结构第一块板的站点
6	按节点要求完成车站主体结构封顶的站点
7	按节点要求开始盾构始发的区间
8	按节点要求实现双线洞通的区间(不含联络通道)
9	按节点要求提供铺轨条件的车站或区间
10	按节点要求提供安装装修的站点
11	按节点要求车站土建全部完工的站点(含附属工程)
12	其他实现总承包部及建设单位下达的专项节点计划
13	季度计划中所设定的其他关键节点

各工区年度进度管理绩效也可包括施工产值、关键节点两个维度。施工产值以总承包

部下发的当年施工产值计划为依据，每年末对当年施工产值计划完成情况进行统计，计算施工产值完成率。将施工产值完成率作为进度管理绩效评价指标，评定各工区进度管理绩效等级，按照等级取相应系数计算奖励金额。进度管理绩效等级及等级调整奖励系数 K 同表 3-4 所示的季度进度管理绩效。

年度关键节点是根据年度施工进度计划，结合建设单位的要求，总承包部对关键工程及重点工程下达年度节点目标，年末依据节点完成数量及单个节点对应的金额确定奖励金额。

（2）技术管理绩效

构建如图 3-6 所示的技术管理绩效的多维度评价体系，各维度下再设置具体的、可直观评价的二级指标体系。

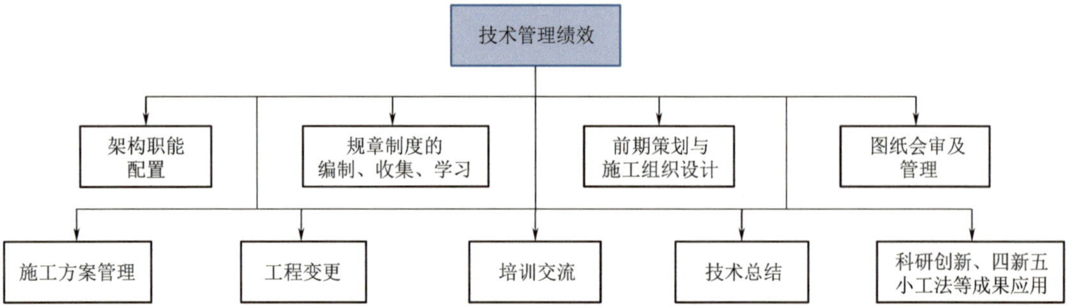

图 3-6　技术管理绩效的多维度评价体系

对于当季发生以下问题，取消本次绩效参评及年终推优资格：1）在检查中发现材料不实、弄虚作假的；2）无方案施工、方案未批施工、未按方案施工导致严重后果的。对年度技术管理绩效评价得分排名前三名的工区项目总工可以授予“年度优秀项目总工”称号，技术质量部门可以授予“年度优秀技术质量部门”称号，并分别给予现金奖励。

（3）质量管理绩效

为系统评价各工区质量管理绩效，城市轨道交通工程施工中可针对明挖法、矿山法以及盾构法分别构建如图 3-7～图 3-9 所示的多维度评价体系。各维度下再设置具体的、可直观评价的二级指标体系。

当季发生以下问题，取消本次绩效参评及年终推优资格：1）在检查中发现材料不实、弄虚作假的；2）由于质量问题被建设单位、轨道站行政处罚的；3）发生一般及以上质量事故的或由于质量缺陷在社会上造成较大负面影响或在媒体上曝光引起较大不良反应的。

（4）安全管理绩效

为实现施工总承包全生命周期的安全施工，强化各工区安全管理，建设安全工地，可以构建控制性指标和评价性指标相结合的安全管理绩效评价体系。控制性指标是强制性指标，由总承包部安委会办公室负责考核，按每年年初下达的控制指标执行，主要包括以下内容：坚持双零（零事故、零死亡）目标，杜绝发生一般及以上生产安全责任事故，杜绝发生火灾事故。控制性指标必须符合要求，一旦突破要求，安全管理绩效评价视为不合格。

评价性指标是为了系统评价各工区安全管理绩效，由总承包部安委会办公室和相关业

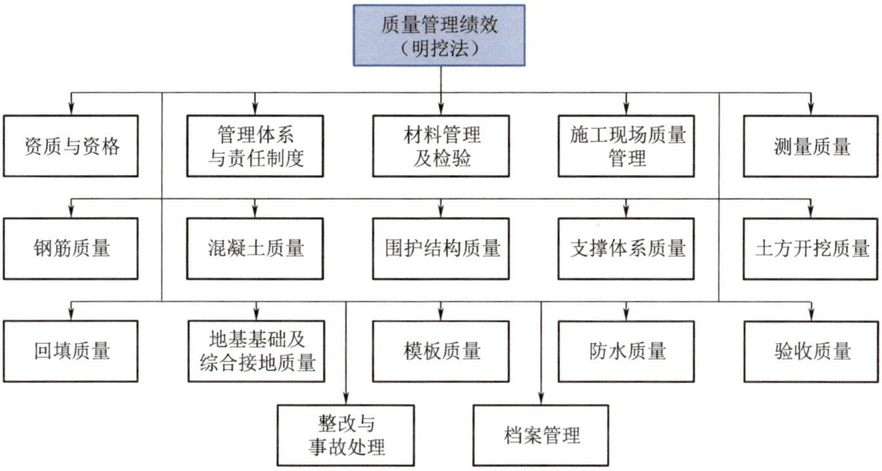

图 3-7　质量管理绩效（明挖法）的多维度评价体系

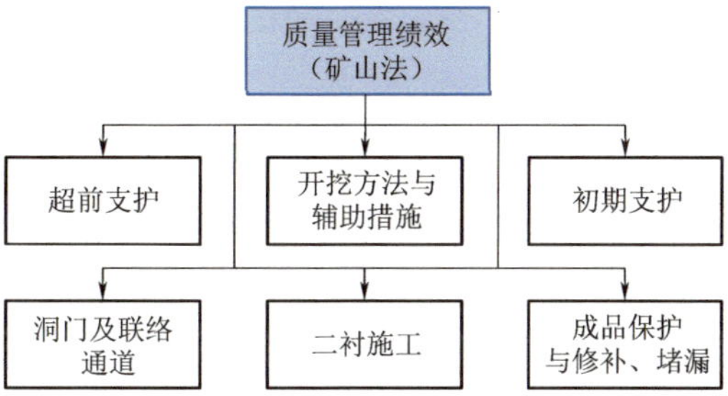

图 3-8　质量管理绩效（矿山法）的多维度评价体系

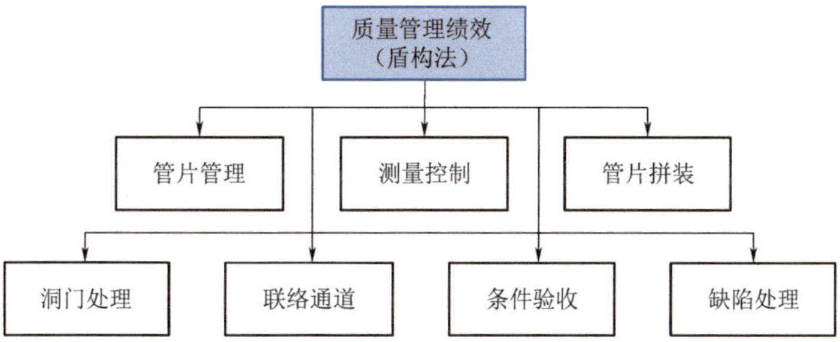

图 3-9　质量管理绩效（盾构法）的多维度评价体系

务部门共同负责评价。图 3-10 展示了安全管理绩效的多维度评价体系，其中安全管理体系包括单位资质与人员资格、责任制度与目标管理等维度，施工现场安全包括等脚手架、模架工程的施工安全性等维度。安全管理绩效满分为 100 分，其中安全管理体系占 40 分、施工现场安全占 60 分。各维度下再设置具体的、可直观评价的二级指标体系，根据各维度指标的重要性分配分值。依据该指标体系，定期对各工区安全管理绩效进行周期性动态评价。

除了季度、半年以及年度安全管理绩效的周期性评价外，日常安全管理存在表 3-6 所示情况的，则按情节严重程度对责任工区处以相应罚款。

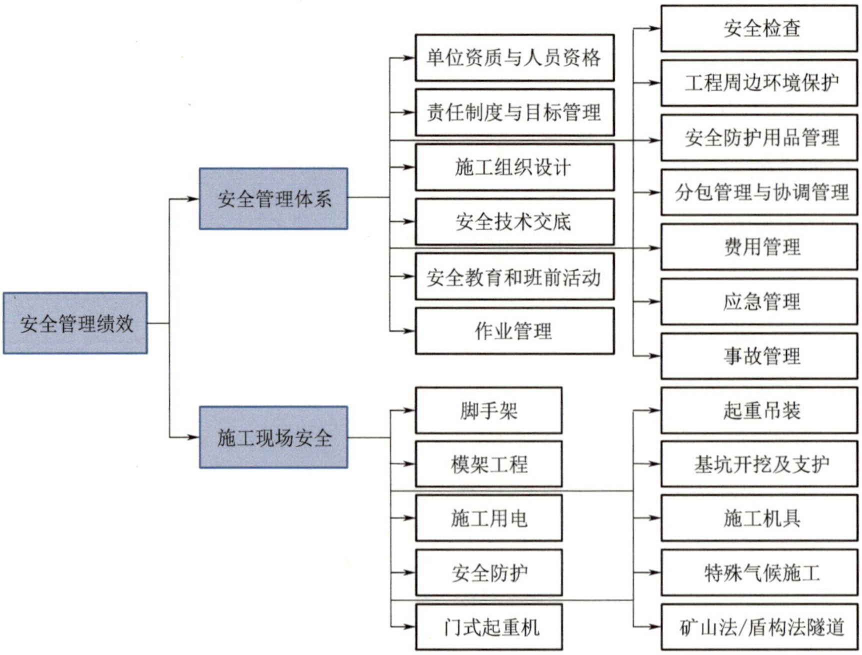

图 3-10　安全管理绩效的多维度评价体系

日常安全管理处罚情形　　表 3-6

序号	情　形
1	未严格履行工程建设合规合法手续的
2	未严格按照设计图纸、专项施工方案施工，或违反程序擅自压缩工期、改变技术方案和工艺流程的
3	施工现场存在严重生产安全事故隐患且没有采取有效防护措施的
4	基坑工程、模板工程及支撑体系、起重吊装及起重机械安装拆卸工程、脚手架工程、拆除工程、暗挖工程等其他等危大工程安全管理不到位的
5	未建立、健全安全生产职业健康责任制或安全生产职业健康责任制度不落实的
6	未按规定设置或明确安全生产职业健康管理部门，或人员配备不符合要求的
7	未制定安全生产职业健康规章制度和操作规程的
8	未按规定提取和正确使用安全生产费用的
9	未制定应急救援预案或未按要求开展应急演练的
10	使用不具备国家规定资质和安全生产保障能力的分包单位和供应商的
11	施工现场安全管理混乱或违法违规生产，违反建设工程安全技术规范和标准的
12	使用的特种设备未经检验合格的，或不具备相应资格的人员从事特种作业的
13	未按规定发放、正确使用劳动防护用品的
14	作业人员未经安全教育培训、安全技术交底或者经考核不合格即从事相关工作的
15	施工现场安全防护设施不完善或安全警示标志、标牌未按要求设置的
16	施工现场风、水、电及消防不符合安全规范要求的
17	对要求上报的文件、回复、资料等未及时或质量差不按照要求上报的，或制度、通知、会议等要求落实不到位的
18	不服从总承包部管理人员指挥，上级检查不予以配合的

在评优评先方面，应对各工区安全管理实行“一票否决制”，存在以下情况时，取消该工区在本季、半年、年度评价期内的评优评先资格：1）发生生产安全责任死亡事故的；2）发生火灾、基坑坍塌、隧道坍塌、高支模坍塌、结构坍塌、路面塌陷、建（构）筑物沉降、爆炸、管线损坏、突发环境事件等，在社会上造成一定负面影响的；3）受到建设单位、政府主管部门通报批评的。

（5）运营管理绩效

运营管理绩效通常包括经营管理绩效和物资设备管理绩效两大板块。

1）经营管理绩效

如图 3-11 所示，经营管理绩效的评价可重点关注人员履约与履职、制度体系、合同管理、计量支付管理、成本管理、信息化管理以及日常管理七个维度。各维度下再设置具体的、可直观评价的二级指标体系。除了依据指标体系开展周期性评价外，对发生以下重大不良行为的工区项目部，可以直接评定为季度经营管理绩效排名最后一名，记录在案，并处罚金：1）恶意套取工程计量款；2）参建单位存在违法分包、转包和挂靠等违法违规行为。

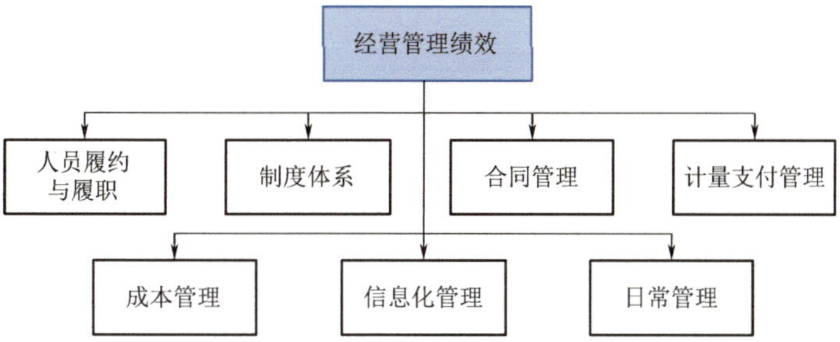

图 3-11　经营管理绩效的多维度评价体系

2）物资设备管理绩效

如图 3-12 所示，物资设备管理绩效可从管理体系、计划管理、采购管理、供应商管理等十六个维度进行评价。各维度下再设置具体的、可直观评价的二级指标体系。除了依据指标体系开展周期性评价外，还可以对以下行为处以罚款并在绩效评价时对相关项加倍扣分：1）工区项目部物资设备管理工作出现失误，导致严重不符合总承包部管理要求，经整改仍不符合要求的；2）同类不合格事件屡犯的；3）对总承包部指令、要求不响应或落实不到位的。

（6）财务管理绩效

为规范各工区项目部的财务管理行为，加强会计核算，提高财务管理水平，可构建如图 3-13 所示的多维度评价体系。各维度下再设置具体的、可直观评价的二级指标体系。

（7）环境管理绩效

为推进生态文明建设、促进经济社会可持续发展，城市轨道交通工程项目应在施工过程中积极倡导文明施工理念，采取文明施工措施，防治污染，保护环境。为落实环境保护责任，强化各工区文明施工，建设绿色工地，构建了控制性指标和评价性指标相结合的环境管理绩效评价体系。控制性指标是强制性指标，由总承包部安委会办公室负责考核，按每年年初下达的控制指标执行，主要包括以下内容：杜绝发生一般及以上突发环境事件；

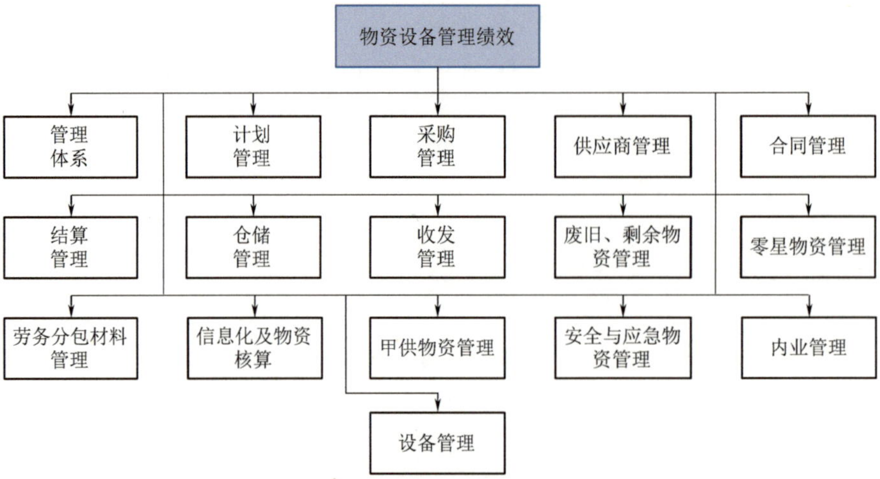

图 3-12　物资设备管理绩效的多维度评价体系

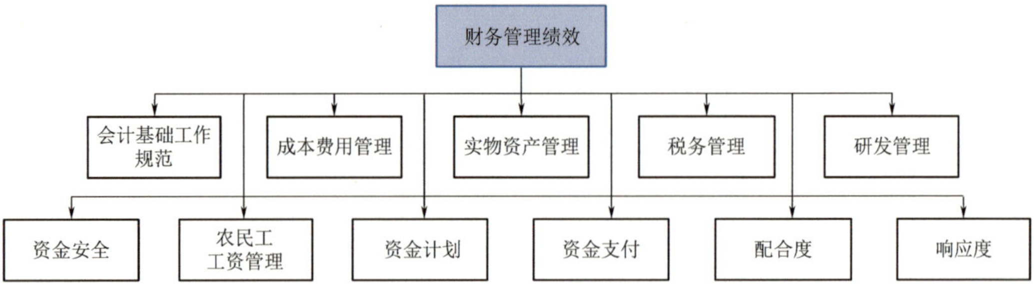

图 3-13　财务管理绩效的多维度评价体系

杜绝发生被中央生态环境保护督察组通报或因生态环境保护问题在省级及以上范围内被联合惩戒、环保信用评价降级等造成较大负面影响的事件。控制性指标必须符合要求，一旦突破要求，环境管理绩效评价视为不合格。

评价性指标是为了系统评价各工区环境管理绩效，由总承包部安委会办公室和相关业务部门共同负责评价。图 3-14 展示了环境管理绩效的多维度评价体系，主要包括文明施工节能减排方案、现场围挡等维度。各维度下再设置具体的、可直观评价的二级指标体系，环境管理绩效满分为 100 分，根据各维度指标的重要性分配分值。

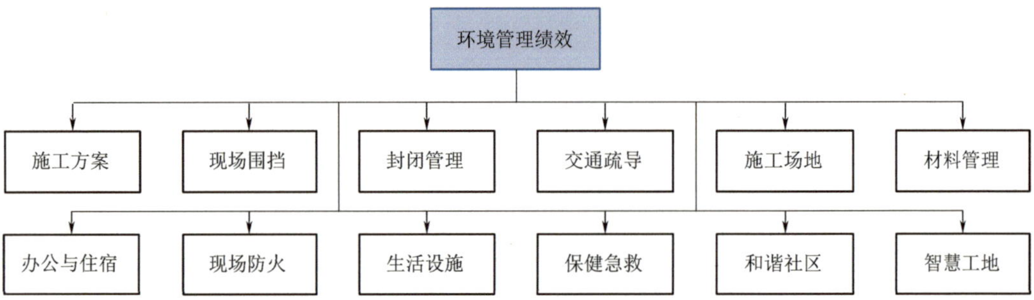

图 3-14　环境管理绩效的多维度评价体系

除了月度、季度以及年度环境管理绩效的周期性评价外，对于日常环境管理受到国家、行业、地方政府、建设单位、监理单位等上级单位或社会媒体通报批评等处理的（含停工整改），按照总承包部相关办法进行处罚。导致对总承包部处罚的，总承包部按上级单位处罚标准的两倍对责任工区和责任人进行处罚和通报。

（8）创优创新管理绩效

为确保施工总承包总体科技研发目标的最终实现，还应建立健全创优创新管理绩效评价体系。可根据图 3-15 所示维度设置具体的、可直观评价的二级指标体系，按月度、季度和年度对各工区的质量创优创新管理和安全创优创新管理绩效进行评价和奖惩。为推动各工区项目部积极进行科技创新、开展工程创优活动，总承包部还可以拟定各工区多维度科研成果指标，并留取科研保证基金，根据指标完成情况，返还部分或全部保证基金。

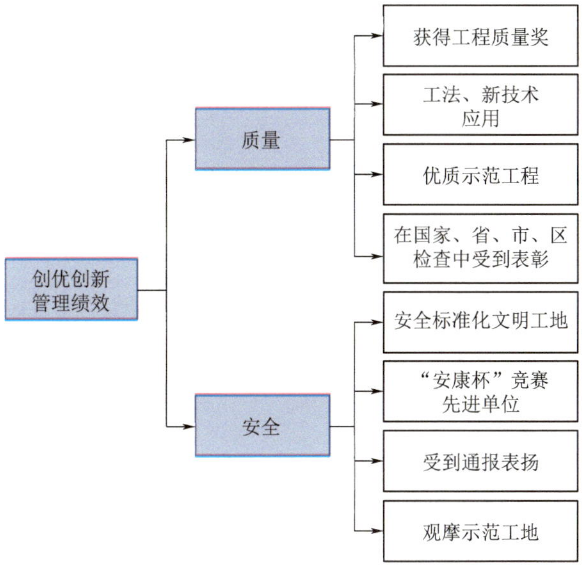

图 3-15 创优创新管理绩效的多维度评价体系

出
EXIT
往栖霞山
To QIXIASHAN
号线
往南京南站

第四章 运营管理——量化项目价值，实现经营目标

运营管理，即通过对项目本身及项目的各种相关资源进行合理分析和统筹安排，使项目发挥其最大价值，其本质在于利用财务语言的精准表述，将项目的潜在价值以及管理过程中产生的业务成果实现精细量化和直观可视化。这不仅涉及经营目标与项目目标的深度融合，更是通过显性化、可视化的数据结果对运营状况进行深入分析、纠偏管控直至达成既定经营目标的系统过程。

施工总承包运营精细化管理是指管理人员应用精细化管理理念，对项目成本进行全面、全过程管理，实现对项目成本的精准控制、最大程度提高项目经济效益的一种管理方式。

本书提出“6＋4”精细化成本管控体系（6 项成本管控内容＋4 项成本优化措施）（图 4-1），旨在确保各项成本数据的真实可靠、及时反馈、高效利用和可控性，进而实现对资金支付时间、数量和比例的精细管理，提升资金流动的精准度和透明度，最终确保企业经济效益目标的顺利实现。通过“6＋4”精细化成本管控体系的全面应用，企业能够在激烈的市场竞争中稳固自身地位，实现稳健而可持续的发展。

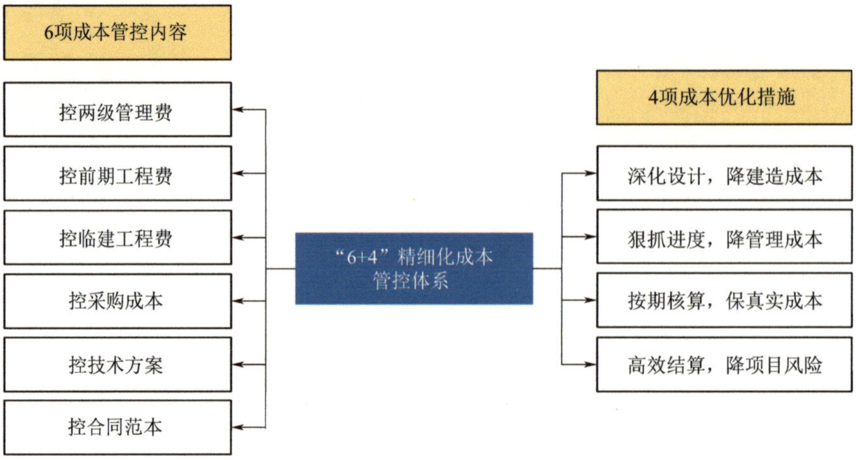

图 4-1 “6＋4”精细化成本管控体系

4.1 厘清成本管控内容

实施成本精细化管理关键在于明晰成本管控内容并对其进行全面分析，确保每一种成本因素都能得到有效控制。通过对两级管理费、前期工程费、临建工程费、采购成本、技术方案、合同范本方面进行严格管控，实现精准控制项目成本的目的。

4.1.1 控两级管理费

按照融合、穿透、集约的规则，结合各年度产值计划和人均产值确定基准值，对管理人员和服务人员进行了精准的配置。

1. 锁定两级管理人员总数

按年度人均产值不低于 500 万元标准配置上岗人员总数，上岗人员全部进入考勤机，根据考勤记录发放薪酬。

此标准旨在使上岗人员总数与产值相匹配，最大限度提高岗位工作效率，确保人力资源的合理分配，降低管理成本。

2. 锁定农民工工资总额

明确分包队伍各岗位工资标准，全部人员实施实名制考勤，按月锁定人工费总额。其工资标准、考勤记录、人工费总额须作为计量的必要条件，否则总承包部对应分部分项工程不予计量。

4.1.2 控前期工程费

城市轨道交通工程项目的前期费用包含地下管线的迁改、地面附着物迁移。地下管线及地面附着物的产权单位为属地政府的城市运营管理单位，具有较强的垄断性、专业性，因此城市轨道交通工程项目的前期工程具有手续繁琐、周期长、成本高等特点。

所以总承包部要牵头，在踏勘、分析前期工作现状基础上，结合现场实际情况，制定经济可行的迁改方案和各子项的费用上限，通过科学的预算和精细化管理，做到前期费用支出精准、可控，提升项目管理的效率和水平，为项目的顺利实施和长期效益奠定坚实的基础。

4.1.3 控临建工程费

临建工程应坚持经济实用之原则，确保满足现场实际需求。在实施过程中，须遵循“有方案、有数量、有预算、有结算”的“四有”原则，实现对临建工程的有效管控，确保工程进展有序、成本可控，为项目的顺利进行提供有力支撑。

1. 临建工程三级管理组织结构及职责

临建工程三级管理组织结构及职责如表 4-1 所示。

临建工程三级管理组织结构及职责 表 4-1

三级管理组织架构	临建工程管理职责
总承包部技术质量部和经营管理部(主责部门)	贯彻执行国家及地方相关法律法规、行业相关标准和上级有关规定
	指导和督促项目开展临时工程管理各项工作
	技术质量部主要负责对临时工程施工方案进行审核,并负责监督检查项目是否按已批复方案进行临时工程建设
	经营管理部主要负责监督检查项目是否按费用进行控制建设
各工区项目经理(第一负责人)	负责组织项目相关人员对临时工程施工方案制定、图纸设计、工程数量及施工图预算编制
各工区项目工程管理部和经营管理部	工程管理部是临时工程施工方案编制主责部门,经营管理部为临时工程施工图预算主责部门

2. 临建工程设计原则

总承包部及各工区在临建工程设计时应充分考虑“开源增收、成本节流”，临时工程设计以现场条件及工程施工特点为根据，本着布置紧凑合理、减少临时设施的拆改，尽可能利用现有场地、经济节约原则开展现场的布置及施工活动，布置原则具体如下：

(1) 总承包部建立大型临时工程（项目驻地、车站各期场布等）建设方案比选及分级报批制度，由总承包部组织对各工区临时工程设计方案进行内部审查，避免因重复建设和盲目高标准建设造成资源浪费。

（2）各工区开工前，充分比选自建及租用生活营地方案，在满足服务现场就近办公的原则下，尽量向建设单位借用红线用地，或租用当地民房作为临时设施，减少费用支出。自建营地和施工场地临建应尽量减少施工临时用地的使用，减少临建设施，使得布局紧凑合理。

（3）各工区加强对活动房屋、集装箱等临时设施的维修保养，降低搬迁损耗。根据各工区各工点进场先后顺序的情况，对可以重复利用的房屋、集装箱等临时设施应调拨到新进工点使用。

（4）相关临时设施及物资（例如集装箱、施工围挡、各级配电箱等）统一标准、统一询价招标集采，尽可能降低成本。

（5）各车站若存在硬化道路可重复利用情况，通过前期策划计算相关数量，在一期场地硬化时通过分成标准块、预留吊装孔的方法将施工便道在附属施工时二次重复使用，减少硬化混凝土量及废弃成本；或者结合实际情况选择可周转装配式重载型钢板临时施工道路。

（6）合理组织运输，减少运输费用特别是减少现场内二次倒运，保证运输通畅。

（7）临时工程设计应考虑便于工人生产与生活，方便施工管理，必须符合安全技术要求。

（8）施工区域划分和场地确定，应符合施工流程要求，尽量减少相互干扰。

（9）在允许的施工用地范围内进行布置，避免扩大用地范围，合理安排施工程序，分期进行施工场地规划，将施工对周围环境影响程度降至最低，将现有场地的作用发挥到最大化。

（10）场地布置还应遵循“三防”原则，消除不安定因素，防火、防水、防盗设施齐全，布置合理。

3. 临建工程预算标准化和流程化

对各工区临建工程费用制定标准化要求，规定标准费用，包括但不限于各工区项目部驻地建设费、施工围挡、钢筋加工厂（每站标准费用）、临时建筑（每站标准费用）、工点办公（每工点）、场地便道、盾构施工临建（始发点及共用始发站）、个人生活区（分包单位有偿使用）。

临建工程预算控制流程为：

（1）各工区项目部临时工程施工方案及预算报总承包部审批后方可进行外部审批流程，全部审批完成方可实施。

（2）除由建设单位、主体工程设计、工期等原因导致临时工程施工方案变更，需重新设计、报批外，临时工程施工一经批准，不得随意改变或增加费用。如遇特殊情况需要变更，必须按原程序报批。

（3）临时工程建设时和结束后，工区项目部要全面考虑临时设施的周转使用，无法周转使用的采取妥当处置方案。

（4）临时工程用地结束后，要按照租用地协议及时复耕、绿化，主动申请地方有关部门验收，及时办理退租手续。

4.1.4 控采购成本

实施集中招标采购，依托集团公司的统一集采平台直接开展集中采购工作，旨在实现采购流程的集约化与高效化。通过集中采购，各参建工程局无需再单独组织采购活动，从而大幅缩短采购周期，提高采购效率，有效节省时间与资源，确保采购物资的质量与供应的稳定性，更能保障项目现场的施工有序推进，为项目的顺利完成奠定坚实基础。集中招标采购的实施，是集团公司优化资源配置、提升管理效能的重要举措，有助于推动整个项目管理体系的进一步完善与发展。

在项目运营阶段，为了提高工程运营阶段的维修效率，降低维修成本，可由总承包部对全线的维保工作统筹策划，与1～2家协作队伍签订全标段包保协议，以实现规模效应，降低采购、人力等成本，同时统一维保范围、服务标准、响应时间和质量标准等要求，实现资源的合理调配和高效利用，有效避免了各工点各自为战，降低成本的同时，提升整体工作效率。

案例分享

例如在文明施工方面，某城市轨道交通施工总承包项目中，经统计单个工区配备专用文明施工队伍的费用高达500万～800万元，但该队伍在本项目中只服务于一个工区，人员闲置较多，于是队伍负责人会在同个城市之间进行人力调配，造成人员离场频繁，在工区有紧急需求时，常出现劳动力无法及时跟进的情况。此时可以由总承包部出具规定，要求在各劳务分包合同中补充劳务队伍的文明施工职责，同时对劳务单价进行一定提升，但总合同额的增多远少于单独配备专用文明施工队伍的价格。此种方式能够在降低成本的同时，保证劳动力随时在场，以应对绝大多数紧急情况，且劳动队伍在自身有文明施工职责时，会在施工过程中格外注意场地的清洁，现场的整洁程度大幅提升，事后清洁的时间也得到大幅下降。

4.1.5 控技术方案

成立技术攻关工作组与专家组，对施工方案及工艺展开深入细致的专题研究。在确保本质安全的基础上，致力于优化方案、改进工艺，力求实现施工方案的科学合理与施工工艺的精准高效。同时，注重工、料、机的精准投入，通过精细化的资源配置与管理，确保施工过程中的每一个环节都能够得到有效保障，从而提升整体施工效率与工程质量，推动项目的顺利进行，为企业的长远发展奠定坚实基础。

4.1.6 控合同范本

1. 统一清单。

2. 统一限价区间，同时规定内部专业分包和设备租赁价格不得高于分包限价，防止转移费用，加大项目成本，如盾构机租赁、地连墙内部专业分包。

3. 统一计量时间、支付比例，尤其内部合同的支付比例，不得高于外部的同类项目的限值。

4. 集中管理投标保证金及履约保证金，由总承包部按照管理制度及时收取和退还。

5. 主要管理人员必须到岗履职，对项目负责人、技术负责人、安全负责人进行考勤。

4.2 优化成本管控措施

通过优化成本管控措施，实现成本避免。成本避免属于降低成本的高级形态，即从管理的源头挖掘降低成本的潜力，从精细化管理的角度探索成本降低潜力，认为事前调整重于事后调整，避免不必要的成本产生。通过深化设计、狠抓进度、按期核算、高效结算的精细化创新措施，强调成本控制应向成本避免进行“递进”转变。

4.2.1 深化设计，降建造成本（施工图设计阶段）

成立深化设计工作组，使其在严格确保风险可控的前提下，深度参与施工图的出图过程。通过细致入微的审核与优化，减少不必要的能源消耗，进而实现成本控制的目标。工作组应发挥专业优势，对施工图的每一个环节进行精准把控，确保设计方案的合理性与经济性，为项目的顺利实施和成本节约提供有力保障。

案例分享

案例一：以某城市轨道交通工程机电安装项目为例，在运用 BIM 建模技术进行深化设计时，取得了显著的成效。

1. 提高管线安装的工艺质量及综合支吊架的整体美观度

通过对各专业管线进行 BIM 建模，建模完成后进行碰撞检查，对存在冲突碰撞的部位进行深度优化，形成综合管线深化图纸指导现场施工。最终现场管线安装与 BIM 模型完全一致，提前避免了各专业管线碰撞返工的通病。

2. 提升图纸会审和技术交底效率

通过 BIM 技术建立的建筑、结构及机电各专业模型，在建模过程中会不断发现设计图纸问题，并总结成图纸审核报告，及时报设计院确认并修改，相比传统图纸会审，节约了大量的人力和时间。

技术交底过程中，BIM 模型中的三维模型、动画模拟等可视化工具，使各专业人员能够清楚地掌握施工工艺流程，提高施工协调沟通效率。

3. 降低施工成本

通过运用 BIM 深化技术，可以对部分材料如风管、桥架、铝板、地砖提前进行排版预制，极大减少现场改动材料的浪费，工人也可按照 BIM 编号对应预制材料进行装配式施工，极大提高了施工效率，缩短了施工工期，降低了项目成本。而且完成效果整体性强、美观度高，为之后的评优评奖提供基础。

某城市轨道交通工程机电安装项目在运用 BIM 建模技术进行深化设计时，取得了显著成效。这些成效不仅有助于项目的顺利实施和完成，也为后续类似项目的 BIM 技术应用提供了宝贵的经验和参考。

上述案例说明了设计单位设计深度及施工单位深化设计的重要性，设计阶段的工期虽然只占项目整个生命周期的10%～15%，但对整个建筑产品的成本和价值有着80%左右的影响，是影响建设总投资和实施效益的关键阶段。当前轨道交通行业是典型的“三边”工程，即边勘察、边设计、边施工，其设计工期紧、压力大，设计深度往往不能保证，且施工单位常规情况下无法左右。同时，在当前轨道交通总承包管理模式中，大多数项目采用固定总价合同，即建设单位以初步设计概算招标，施工单位按照施工图实施，但设计单位在初步设计时对工程量、技术参数等重要信息往往把关不细致，导致施工期易出现大量不确定性因素和成本风险，而施工单位往往习惯于施工图出图后再开展深化设计工作，思想仍然停留在“设计引导施工”的概念中，没有“施工引导设计”的意识，由此错失深化设计的黄金时期。在新时代、新发展格局下，施工单位应有引导设计的意识，尽早介入设计工作，充分发挥自身在工程实施、验收中的技术、经验优势，提前将原材料来源、施工组织、施工方案、科技研发、创优评奖等各环节的要求与设计单位沟通，力求实现最精准的设计方案，达到降本增效的目标。

就好比一个项目，初步设计阶段的总造价为1.2亿元，当前社会的公允造价约1亿元，通过施工图阶段的不断“完善”，最终总造价达到了1.5亿元，那么不但对建设单位造成了2000万元的损失，施工单位也即将带着3000万元的亏损进场，后续再怎么努力优化，也很难弥补。

案例二：例如某工程局承建的城市轨道交通工程1站1区间项目，车站及区间设计概况及工程量如下。

车站：车站为地下二层岛式车站，外包总长217m，标准段宽20.7m，端头井段宽25.4m，标准段基坑深约18.7m，混凝土总设计量21313m^3，钢筋总设计量为4896t。

区间：管片宽度1.2m，外径6.6m，内径5.8m，厚度0.4m，单环混凝土方量9.34m^3，单线区间全长1119.3m，混凝土总设计量17139m^3，钢筋总设计量为3797t。

初步设计招标图中车站和区间配筋率分别为0.165t/m^3和0.222t/m^3，但在施工蓝图下发后经计算车站和区间配筋率分别增至0.24t/m^3和0.243t/m^3，大幅超出初步设计时的配筋率，造成此车站和区间比初步设计的钢筋量超出1900余吨，造成成本损失700余万元；同时，通过调查同类型区间的施工图设计，其配筋率为0.19t/m^3左右，可以看出设计单位在两阶段设计中其区间的配筋率均大幅超出社会公允值，给建设单位也造成了一定损失。

4.2.2 狠抓进度，降管理成本（工期是制约成本最敏感的因素）

对“人均产值”这一关键指标进行深入分析，通过实时数据的监控与比对，掌握管理费与施工进度的匹配情况。在此过程中，需要特别关注“工期对项目成本的影响”这一最为敏感的因素，通过精细化管理和科学调度，确保工期与成本的双重控制。通过这一系列措施，实现对项目成本的全面把控，为项目的顺利推进和效益最大化提供有力保障。

4.2.3 按期核算，保真实成本

成本核算是指将工程项目实施过程中发生的各种成本按照一定的对象进行分配和归集

的过程，各工区项目部可以根据集团公司及总承包部的相关要求，按季度组织进行成本核算。

1. 成本核算原则

成本核算应遵循实事求是，收入与成本相匹配的原则，保证实际形象进度、实际产值、实际成本“三同步”，真实、准确、及时地反映成本费用的开支情况。

2. 成本核算体系

（1）以成本考核为准绳，按照季度考核和年度考核相结合、过程评价和结果考核相结合的考核模式，建立与城市轨道交通工程项目建设相适应的系统化、差异化、精细化的成本考核体系。

（2）突出成本考核的公平和真实性，建立成本考核为导向考核体系，加大向成本管理到位、利润高的标段倾斜，实现多劳多得、快劳多得、好劳多得、省劳多得的目标。

3. 成本核算流程

（1）工区项目部经营管理部按照与总承包部验工计价现场实际完成工程量统计该季度分部分项收入。

（2）工区经营管理部根据各部门提供的分包计量结算、物资消耗、设备使用费、安全文明施工费、间接费等统计该季度发生的费用。

根据成本核算数据，每季度召开运营质量分析会，对成本运行情况进行全面分析，通过对标对表发现和纠正问题，剔除外来费用（包括列支非本项目成本、内部设备与内部分包高于市场价、提前计列成本），违背“五不”原则（“无收入不支付、无合同不支付、无实施不支付、无结算不支付、无欠款不支付”）等问题得到有效遏制。

4.2.4 高效结算，降项目风险

高质量结算是指在项目履约过程中，严格按照合同约定和工程量清单进行结算，确保结算的准确性和完整性。高质量结算有助于提高项目的履约质量和经济效益，降低项目风险。其关键在于建立完善的结算管理制度和流程，确保结算工作的规范性和准确性。具体措施包括：

（1）建立完善的结算管理制度和流程，明确结算工作的职责、流程、标准和要求，确保结算工作的规范性和准确性。

（2）加强合同管理，确保合同条款的完整性和准确性，避免因合同条款不清或遗漏导致的结算纠纷。

（3）加强工程量清单管理，确保工程量清单的准确性和完整性，避免因工程量清单错误导致的结算纠纷。

（4）加强现场管理，确保工程量的准确性和完整性，避免因现场管理不善导致的结算纠纷。

（5）加强结算审核，确保结算数据的准确性和完整性，避免因结算数据错误导致的结算纠纷。

高质量结算的实施需要项目各方的共同努力，包括业主、监理、设计、施工等各方。只有各方共同努力，才能确保结算工作的规范性和准确性，提高项目的履约质量和经济效益，降低项目风险。

同时根据项目实际，控制“计量/产值比”“支付/计量比”“结算/合同比”等数据；未办理竣工结算时，同时对中期计量/累计产值、支付/累计产值进行控制，以便乙方快速、主动与甲方进行结算。

注：

合同额：甲乙双方签订的合同总金额；

产值额：乙方进场以来的累计产值；

计量额：甲方对乙方的计量总额；

支付额：甲方向乙方支付的现金总额；

结算额：甲方与乙方最终结算金额。

EXIT
往栖霞山
To QIXIASHAN
6号线
往南京南站

第五章 安全管理——厚植安全意识，筑牢安全防线

建筑业作为支撑国家基础设施建设的重要行业，一直以来都被视为高风险行业之一，特别是几乎囊括了所有可能发生安全事故伤害种类的城市轨道交通工程项目，其安全事故时有发生，如何确保安全生产持续稳定可控，是亟待解决的难题。将精细化管理中以人的内驱力为核心的理念应用在城市轨道交通项目安全管理中，厚植各级人员的安全意识，真正实现从“要我安全”到“我要安全”的转变，才能实现真正意义上的本质安全。

安全事故不仅给个人和家庭带来了巨大伤痛，还给企业造成了经济损失、负面影响。因此，我们有必要从多个层面入手，加强安全管理的研究和实践，通过意识培育、制度完善、技术创新等多方面的努力，不断提升安全管理水平，确保每一个参与者的生命安全，为国家的繁荣稳定和人民的幸福生活保驾护航。

然而，尽管我们一直在努力，但在当前复杂多变的施工环境下，安全事故仍然难以完全消除。这使得我们不得不深入思考：如何在保障施工进度和质量的同时，更有效地加强安全管理，将安全管理的关口前移，形成一个科学、系统、高效的事前预防型安全管理体系？这无疑是新时代安全管理面临的一项至关重要的课题（图 5-1）。

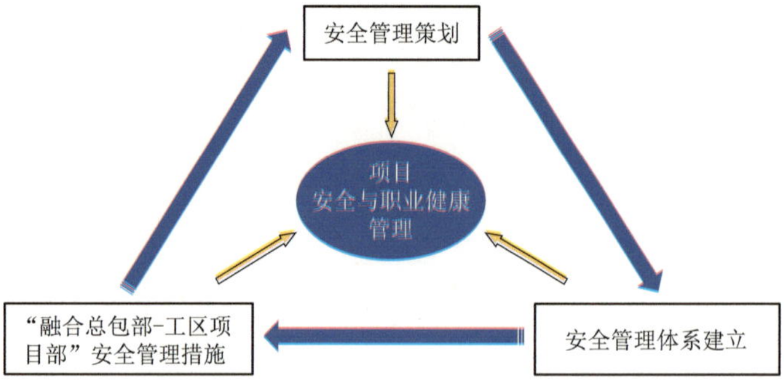

图 5-1 项目安全与职业健康管理要求

5.1 策划先行

5.1.1 管理理念

依据事故致因理论，历年安全事故的原因主要包括人的不安全行为、物的不安全状态以及一些客观外部环境（例如自然灾害）的影响，但归根结底，其根本原因都是管理人员、作业人员的安全意识、意愿薄弱，而其他不可预见的因素最多占 2%（图 5-2）。所以安全生产主体人员的安全意识差，是酿成安全事故的主要原因，也成了制约企业安全生产的瓶颈。安全精细化管理的核心思想是树立正确的安全意识观并加强"终端"管理。安全管理重在意识、严在流程、严在细节，安全管理的对象是人，是危险源、隐患，而不是事故，没有发生事故，未必是安全，只有真正使每一层级人员的意识到位，把安全防线上移至大脑、安全重心下移到班组，才能真正使安全管理横向到边、纵向到底、不留死角，安全精细化管理才会实现。

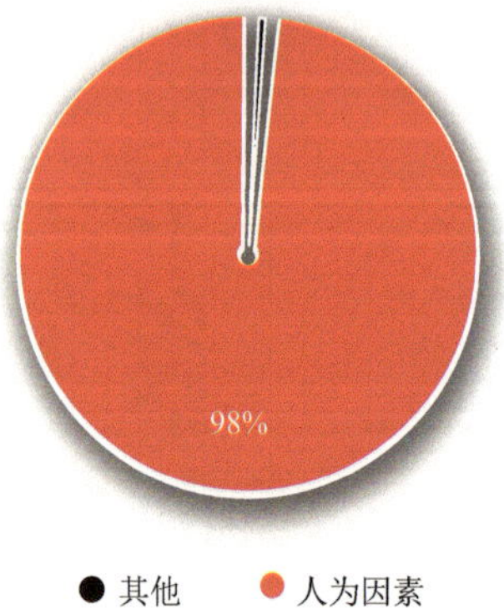

图 5-2 引起安全事故的原因

1. 意识与行为的辩证关系

"意识"是指人的头脑对于客观物质世界的反映，也是感觉、思维等各种心理过程的总和。从客体感知层面去描述，意识的本质是"信息的分类处理"；从主体能动层面去描述，意识的本质是“将更新后的已知信息与行为目的相结合进行综合分析、重新权衡要素权重、重新定位信息含义，继而更新行为策略、观点或立场”。“意”和“识”是两个概念，意是独立于人类存在，又依附于人类实现行为，意是主体。识是人类器官的感知，又是通过人类实施的行为，识是实体。

“行为”是指受思想支配而表现出来的外表活动。人类的思想意识，主要有在清醒状态和休眠状态下两种联想意识结构。人类大脑的神经系统处于日常清醒状态时，可通过自然界的各种信息对感官的不同刺激作用，形成对信息的传导、存储、运算和加工处理，然后实施对肢体不同的运作和语言表达方式。

意识是人类对信息进行处理后的产物。意识有刺激大、意义大的意识，有刺激小、意义小的意识，在意识中，自觉不自觉地就会选择意义大的意识转化为意念，把其他意识抛弃。此意念会转化为动机，能支配人体去付诸行动。所以，人的行为由意识支配，有什么样的意识就有什么样的行为。当我们的思想保持清醒和警觉时，我们的行为也会更加专注和有力。如果我们不让自己在思想上麻痹大意，那么行为上自然就不会出现懈怠和疏忽。只有心中时刻牢记安全，我们才能在日常生活中保持一种高度的戒备和警觉心理，时刻提醒自己注意潜在的风险和隐患。这种戒备和警觉的心理状态不仅有助于我们预防事故的发生，更能促使我们规范自己的行为，以安全的行为确保安全。只有当我们真正将安全意识内化于心、外化于行，才能在生活中做到防患于未然，确保自己和他人的安全。

2. 安全意识与安全行为

“安全意识”是人们头脑中建立起来的生产必须安全的观念，是人们在生产活动中，对各种各样可能对自己或他人造成伤害的外在环境条件的一种戒备和警觉的心理状态，在实际中的具体表现可以分为风险意识、责任意识、红线意识（规矩意识）。

“安全行为”研究的重点是“不安全的行为”或者说“冒险行为”。行为安全管理的核心是针对不安全行为进行现场观察、分析与沟通，以干扰或介入的方式，促使员工认识不安全行为的危害，阻止并消除不安全的行为。在行为安全管理理论中，主要分为识别关键行为、收集行为数据、提供双向沟通、消除安全行为障碍四个步骤。

因此，针对员工的不安全行为，我们应避免简单地责备和寻找错误。这样的做法不仅可能引发员工的抵触情绪，而且无法真正解决问题。相反，我们应当采取更为积极和有效的方法。首先，我们需要深入观察和分析员工的工作流程与操作习惯，识别那些可能导致安全事故的关键不安全行为。其次，我们需要对这些不安全行为进行持续的监测和统计分析，以便了解它们的频发程度、潜在原因以及可能带来的后果。在此基础上制定出更加有效的控制措施。同时，我们还要定期检查和评估这些措施的实施效果，对于仍存在的问题，要及时采取整改行动。通过这样一系列的努力，我们可以逐步提升员工的安全意识，最终降低或消除不安全行为的发生概率。

3. 安全管理中提升安全意识与纠正不安全行为的关系

安全管理的战略目标是彻底消灭事故，而实现安全生产最重要的途径是提升安全意识，其内容是对生产中的人、物、环境因素安全状态的管理，通过有效控制人的不安全行为、物的不安全状态，达到预防、消灭事故，防止、消除事故伤害，保护人民群众生命财产安全和身体健康的目的。

在安全管理工作中，人既是实施管理的主体，又是执行各项安全制度和操作规程的主体，是构成安全管理工作中首要和决定性的因素。人的安全意识缺乏是导致事故发生的根本原因，人的安全意识隐患是最大的安全隐患。为了切实保障安全生产，我们必须将提升人的安全意识作为首要任务，深入消除人们的不安全心理，确保每一个环节都充满警觉和谨慎，从而构建起坚不可摧的安全防线。

不安全行为的类型和频率是安全管理现状的尺度，是事故频率的预警信号。事故调查证明，在工作场所发生一次伤害事故，其实已发生了数百次的不安全行为，大量的不安全行为增加了事故发生的概率，当然，此处的不安全行为是广义的，并不仅仅是在现场操作的“行为”，例如甘肃省折达公路考勒隧道在施工过程中出现违法转分包、偷工减料、拖欠农民工工资等问题，这些因素都是导致项目最终出现安全事件的原因。我们每发生一起事故都在进行原因分析，违章指挥、违章作业，场地安全没有得到确认，劳保用品穿戴不齐，现场管理缺位等，理由很充分，事后也采取了各种措施来杜绝类似事故重演，然而事故依然屡屡发生，归根到底就是人的意识存在安全隐患。要避免发生重大伤亡事故，就必须减少导致伤害事故的不安全行为，而要排除伤害事故的发生概率，最有效的途径就是控制、避免和消除所有的不安全行为。

4. 影响安全管理成效的五大因素

在安全管理中，影响管理成效主要有五大要素（图 5-3），分别是意愿、意识、文化（知识）、设施、经验，对安全管理成效的影响程度逐级衰减。

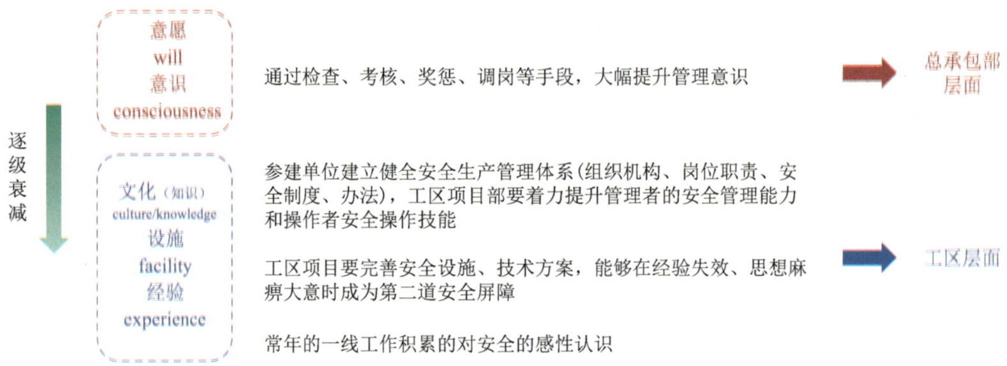

图 5-3　影响管理成效的五大要素

人的安全意识缺乏，是导致各类事故频发的深层次原因。在日常工作和生活中，由于部分人对安全的重要性认识不足，往往抱有侥幸心理，忽视潜在的安全风险，这种安全意识隐患实则是最难以察觉也最危险的安全隐患。只有从根本上增强每个人的安全意识，使他们真正从内心深处认同安全的重要性，才能从被动的“要我安全”转变为积极的“我想安全，我会安全，我能安全”，才能不断提高现场风险辨识管控、隐患排查治理和现场应急处置能力，才能有效遏制不安全行为，大幅减少“三违”现象，从而树立事故不能出、不敢出的理念，营造规程不敢违、不能违的氛围，最终实现警钟长鸣、长治久安的目标。

狠抓意识在安全管理中的重要作用，在质量管理中同样适用。

5.1.2 管理目标

（1）坚持双零（零事故、零死亡）目标，杜绝发生一般及以上生产安全责任事故，杜绝发生火灾事故；

（2）杜绝发生任何环境污染事件，全面实行绿色施工；

（3）杜绝发生一般及以上职业病危害责任事故，保证员工身体健康；

（4）保持员工适度工作压力，维持员工长期心理健康；

（5）确保省、市级安全文明工地、争创国家级安全文明施工类奖项。

5.2 明晰分工

总承包部应根据“本质安全、一岗双责、监管分离”原则进行安全管理，通过严格的管理规则，倒逼全员不断提升安全意识，让工区项目部自觉建立完善的安全管理体系并执行到位，从而达到避免、消灭安全事故的目的。

工区项目部则作为安全管理的责任主体，要通过“学习宣贯安全文化、补强完善安全设施、总结传播安全经验”，贯彻落实国家、地方、公司及总承包部在安全管理方面的要求。

1. 总承包部职责

（1）制定管理规则；

（2）审批、审查工区项目部的安全管理体系建立情况；

（3）建立检查、考核、奖惩、调岗、调离本项目等奖惩机制；

（4）不断培育管理及作业人员的安全意愿、意识。

2. 工区项目部职责

（1）建立安全管理组织机构；

（2）明确岗位职责；

（3）把控相关人员的准入；

（4）结合岗位需求及项目特点，对全体管理人员的安全职责、知识、能力进行培训、教育与考核，不断提升胜任岗位能力。

5.3 行为管控

总承包部以彻底消除人的不安全因素和物的不安全状态为目标，通过一手抓意识（总承包部层面），一手抓落实（工区项目部层面）的方法，落实安全精细化管理的具体手段。

为了实现安全管理精细化，必须建立健全精细化安全管理制度，确保每个环节、每个细节都有明确的规范和标准，同时开展高频次安全巡查及检查、严格考核、刚性执行“四不放过”原则、统一建立标段应急救援基地，以顶层设计为抓手，确保安全精细化管理的实施。

紧盯落实是确保项目安全管理的重要措施，通过细化安全管理“颗粒度”，要求工区项目部落实指挥部关于安全精细化管理“五个到位”、安全责任矩阵、“网格化”管理、“双控”机制等要求，狠抓本质安全。

5.3.1 总承包部层面安全管理——抓意识

1. 建立全覆盖的安全管理制度

小智治事，大智治制。安全行为的塑造与养成，离不开规矩的严格约束。在规章制度面前，每个人都应当平等对待，无一例外。这样的制度设计，旨在通过对遵规守纪突出者给予表扬，对表现突出者给予重奖，对违规者实施严厉的惩罚，确保责任能够真正落实到个人，让违规者深刻体会到违规的代价，从而心生敬畏。这种对违规者的严厉打击，不仅是为了惩罚，更是为了唤醒他们的安全意识，倒逼他们自觉地去学习安全管理知识，强化安全管理设施，不断总结安全管理经验。只有如此，才能让他们真正提高安全责任意识，从内心深处认识到安全的重要性，真正实现"安全生产管理体系"有效运行，为安全生产保驾护航。

总承包部应制定涵盖安全管理的全部环节，包括培训、教育、检查、考核、奖罚（通报、约谈、红黄绿牌、罚款、调岗、调离）等，通过制度体系不断强化管理者及作业人员的安全意识，压实安全责任。

2. 开展高频次安全巡查及检查

建立每日两级领导带班、分管领导对分管工区包保制、安全总监履职巡查、安全飞检等工作机制，同时发挥视频监控线上巡查功能，对关键区域进行实时监控，以便及时发现并处理潜在的安全风险。在巡查过程中，重点检查"一格四员"（网格长、网格员、安全员、作业队伍网格员）的在岗履职情况，确保他们履职尽责，守好安全的第一道防线。同时关注分包单位主要人员的到岗情况，确保他们按时到岗，参与项目管理工作。除了人员履职情况的检查，还应对作业面进行细致的安全检查，重点查处"三违"行为（违章指挥、违章操作、违反劳动纪律）以及潜在的风险隐患。一旦发现问题，立即采取措施进行整治，确保问题得到及时解决，不留隐患。

3. 严格考核，刚性执行"四不放过"原则

针对发现的突出问题，深入剖析原因，找出问题的根源，全线警示教育，让每个人都能够深刻理解这些问题的严重性和可能带来的后果，并按照"四不放过"原则严肃追责处理，单位处罚季度考核兑现，个人处罚出具银行流水，配合调岗、约谈、清退等手段，重奖重罚，真正打到责任人"痛处、疼处"，配合多种手段让责任人对自身的安全责任重新认识和提高，增强责任感和安全意识，形成"看病、抓药、吃药、治病"闭环管控手段，推动项目安全管理从发现问题到彻底解决问题的提档升级。

4. 统一建立标段应急救援基地，强化应急管理水平

事故应急救援是安全管理的最后一道"防线"，纵观近年来的重特大突发事件和自然灾害，都不同程度体现出应急救援不及时、应急救援设备不足、应急救援能力不强。为了全面提升应对突发事件的能力，统一建立应急救援基地，这一基地将成为应对各类紧急状况的重要支撑。在此基础上，组建一支经过严格选拔和专业培训的专职应急救援队伍，确保队伍具备出色的应急处理能力和丰富的实战经验。同时，制定详细的应急救援管理办法并配备满足本项目的应急抢险设备和物资，定期有针对性地开展应急演练，明确各级人员的职责和工作流程，确保在紧急情况下能够迅速、有序地展开救援行动。

5.3.2 工区项目部层面安全管理——抓落实

1. 刚性执行安全生产"五个到位"

严格执行安全生产"五个到位"，即组织机构和人员配备到位、管理制度体系到位、责任落实及责任追究和责任考核到位、安全环保措施及设施和技术装备到位、经费投入到位，确保每个细节都严格执行。按照“管办分离”和“监管分离”原则，建立全生命周期为依托的安全管理组织体系，确保每一个环节都有严格的安全管理。同时，建立以全员安全生产责任制为核心的制度体系，让每一位员工都深刻认识到自己在安全生产中的责任，形成人人参与、人人负责的安全生产氛围。

2. 安全责任矩阵

让安全管理的“任务”得到分解，“责任”得到落实，这是安全精细化管理的细节所在。安全生产人人都是主角，没有旁观者，每个岗位的安全职责构成项目整体的安全生产责任。

工区项目部的安全管理包括项目层级和班组层级，这与总承包部共同构成了施工总承包安全管理的三级责任体系。在确立总承包部安全管理组织架构与责任体系的基础上，各工区项目部构建“工序安全责任矩阵”（图 5-4），将安全职责分解到项目建设的每道工序、每个环节、每个岗位及 365 天的每一天，做到安全生产的“三个管到”（管到每个工点、管到每台设备、管到每个人）。

3. 严格落实“网格化”管理要求

安全生产网格化管理是一种高效且精细化的安全管理方法，它主要是将施工生产安全管理区域划分为若干个小网格，每个网格都承担着特定的安全管理职责。按照“区域定格、网格定人、人员定责”的原则，我们利用先进的信息化技术和现场核查手段，确保每一个安全生产活动都能得到全面覆盖和全过程的管理。

工区项目部将施工现场按区域、工序、专业进行网格划分，按照“一格四员”（网格长、网格员、安全员、作业队伍网格员）的原则进行定格、定员、定责，全过程跟班作业，使安全管理穿透到作业班组。同时建立完整的网格化管控组织机构，以项目经理、总工程师、生产副经理为网格长，以施工员、技术员、协作单位负责人为网格员，以安全总监、安全员为网格监督员，细化分工，责任到人，确保每个网格的安全管理工作都能得到有效落实。同时也有助于我们共同实现项目安全管理目标，确保施工生产过程中的安全稳定。

（1）网格化运行管理

各工区项目部应加强组织领导，并与总承包部网格化监管办公室沟通对接。网格化监管办公室要监督各工区项目部网格化管理体系逐级落实安全生产主体责任，做好动态网格的安全监管，并持续保持施工生产安全管控状态。

各工区项目部应设置网格联络员，处置本工区安全生产网格化信息，及时向网格化监管办公室上报最新的安全生产信息，积极宣传安全生产法律法规和安全生产知识等。

总承包部网格化管理工作小组、各工区项目部网格化管理领导小组应定期对现场网格化管理落实情况进行检查，实现检查区域全覆盖。重点检查人员到位履职、制度执行落实等问题。

各级网格应建立网格动态更新制度，根据网格内责任人员变更、生产活动变化、责任分工变化等及时更新网格信息。

各工区项目部应建立网格化管理会议制度，每月末定期召开网格化管理会议，通报所属网格安全生产工作成效，部署下步安全生产工作，并邀请总承包部分管领导参加，对本工区项目部网格化管理运行情况进行评价并提出建议。

管理层次		总承包部	工区项目部																							
			领导班子							工程部						安监部		物设部							班组		
安全主责★，安全辅责☆，技术主责▲，技术辅责△，重大危险工序领导带班●，管理责任○，安全、质量、文明承诺◆			经理	书记	车站副经理	盾构副经理	总工	安全总监	总经济师	施工管理部部长	技术质量部部长	车站主管	盾构主管	试验负责人	测量负责人	安监部长	安全员	物设部长	材料员	设备员	机电部长	办公室负责人	财务部长	经营部长	施工队负责人	班组长	作业人员
序号	工序																										
1	通用项	○	○	○																							
1.1	技术管理																										
1.1.1	图纸交底、会审				○	○	▲1			▲2	▲2	△	△	△	△	△		△			△						
1.1.2	施工方案落实“5个环节”				○	○	○	○			▲	△	△	△	△	★		△			△				◆	◆	◆
1.2	人员进场																										
1.2.1	协作单位资质审核、人员资格审查								○															▲	○◆		
1.2.2	培训教育考核							○		▲						★									○◆	◆	◆
1.2.3	安全技术交底						○				▲					★									○◆	○◆	◆
1.3	机械、设备进退场																										
1.3.1	设备进场报验				○				○							★		▲		△					○◆☆	○◆	◆
1.3.2	特种作业人员资格审查				○			○								★		☆			☆				○◆☆	○◆	◆
1.3.3	操作人员资格审查、培训交底				○			○								★		☆			☆				○◆☆	○◆	◆
1.3.4	大型起重设备（门式起重机、履带起重机）安拆				○	○		★				▲2	▲2					☆			▲1				○◆☆	○◆	◆
1.3.5	机械设备使用、保养				○	○					△	★				☆		▲		△	▲				○◆☆	◆☆	◆☆
1.3.6	设备退场				○	○		○	○			★1				★2		☆		☆	☆				○◆☆	◆☆	◆☆
1.4	材料（含周转）进退场																										
1.4.1	材料装卸、运输				○	○			○	▲1		▲2					★	○							○◆☆	◆☆	◆☆
1.4.2	材料堆码				○	○						★1					★2		▲						○◆☆	○◆☆	◆☆
1.5	周边环境调查				○	○	▲	★																			

图 5-4　工序安全责任矩阵示意图

总承包部安全总监、安全环保监督部、工区项目部安全总监负责对网格化管理团队的培训；工区项目部各部门要互相加强现场管理联动，并通过让不同岗位人员开展方案实施讲解等形式活动，提高各岗位现场综合管理能力，为网格化管理工作开展做好基础准备。

各工区项目部安全总监、安全员作为网格化管理的安全监督员，必须开展现场巡查工作，在各个作业面开展机动检查，不必受网格限制，重点对当天作业的危大工程安全管控措施落实情况进行监督检查。

总承包部带班人员、工区项目部安全总监负责对网格区、网格单元、网格子单元的日常监督，单元格内有人施工时，网格长、网格员必须到岗。

总承包部将通过每日带班检查、视频巡查等方式重点监督网格长、网格员、安全监督员在岗履职情况，对相关人员不在场的问题进行严格处罚；针对屡次出现缺岗、未有效履职的人员，总承包部将要求工区项目部更换网格化管理人员，必要时将清退出场。

（2）网格化管理考核

总承包部将建立网格化定期督导考核制度，网格化管理考核纳入总承包部季度考核的专项考核中，网格化考核工作小组定期对网格化管理开展情况进行评比、考核，考核结果将全线通报，必要时将抄送各工区上级单位。

4. 落实“双控”机制，狠抓本质安全

（1）紧盯安全管理对象，纵深防御，关口前移

1）定期开展风险辨识

在施工总承包安全管理中，风险防控的优化是精细化管理模式的重要组成部分。为有效降低安全风险必须实施精细化安全风险辨识和预防措施。

开工前委托第三方单位，对项目施工阶段风险进行评估，并组织专家论证。根据划分施工风险级别，编制风险辨识清单。

工程实施过程中，总承包部的工区分管领导及安全管理部每月定期组织工区项目部召开风险源辨识会，根据项目实施过程中风险的变化情况更新风险清单，对下月的重要工程风险及危险源进行辨识，重在提前识别发现和提前解决潜在的安全隐患，明确应对措施及责任人，及时调整应对措施，确保后续工程的顺利开展。

工区项目经理部负责建立“危险源识别评价一览表”和“重要危险源清单”，并制定控制措施或管理方案，于每月末结合施工特点，由项目经理主持，邀请总承包部分管领导、安全环保监督部参加，组织相关部门、相关人员对施工过程中可能出现的风险及危险源进行辨识、评价，并提出相应的预控措施。

同时，各工区项目部需建立动态施工风险管理台账，对风险管理台账更新情况进行交底，纳入班前教育，进行现场公示。

2）持续开展隐患的排查与治理

牢固树立“隐患就是事故”的意识，制定分级分类排查治理标准，建立全员参与、全岗位覆盖、全过程衔接的隐患排查机制，让每一位员工都明白自己的安全责任，时刻绷紧安全这根弦，都能在岗位上发挥积极作用，决不让任何隐患有可乘之机，真正共同筑牢安全防线。同时实行清单管理、动态更新、闭环整改的动态机制，随时掌握隐患的变化情况，及时调整治理策略。对排查出来的安全隐患，逐条落实整改措施、责任、时限，确保隐患有效治理。

①分类分级

根据《中华人民共和国安全生产法》和《安全生产事故隐患排查治理暂行规定》将安全隐患分为重大安全隐患和一般安全隐患。结合本项目安全生产实际，按照可能危害后果和整改难易程度，将重大安全隐患定为一级隐患，一般安全隐患细分为二级隐患、三级隐患和四级隐患。

一级隐患：是指危害和整改难度较大，应当全部或者局部停工，并经过一定时间整改治理方能消除的隐患，或者因外部因素影响自身难以消除的隐患。

二级隐患：危害和整改难度相对较大，经过一定时间整改治理方能消除的隐患。

三级隐患：有一定危害和整改难度，发现后能够整改消除的隐患。

四级隐患：危害和整改难度不大，以及个人违章作业等，经现场指正能够及时整改消除的隐患。

②隐患排查治理

各工区项目部应当建立健全隐患排查治理制度，保障隐患治理投入及检查频次，做到责任、措施、资金、时限、预案“五到位”。

③挂牌督办

生产安全隐患排查治理实行分级挂牌督办的原则，总承包部按有关法律、法规、规章、标准、规定的要求，负责重大隐患排查治理的挂牌督办工作；各工区项目部负责一般隐患排查治理的挂牌督办工作。

总承包部对存在下列情况之一的生产安全隐患进行挂牌督办：政府有关职能部门通报至总承包部的；建设单位、监理单位通报至总承包部的；经举报、媒体报道并经核查属实的；总承包部组织督查中发现的。

总承包部对重大隐患及时下达“生产安全隐患治理挂牌督办通知书”，并登记建档，同时跟踪排查治理的工作情况。

“生产安全隐患治理挂牌督办通知书”包括以下内容：工程项目的名称；隐患的具体内容；治理要求及时限；督办解除的程序；其他有关的要求。

各工区项目部是生产安全隐患治理、防控的责任主体，应当建立健全事故隐患排查治理制度，定期排查每一项工程的隐患，对技术难度大、作业风险高的项目应重点定期排查，及时登记建立隐患档案，同时积极采取有效措施，治理消除。其主要负责人应组织制定并实施生产安全重大隐患治理方案。

各工区项目部接到“生产安全隐患治理挂牌督办通知书”后，应立即组织治理。生产安全重大隐患应制定隐患治理方案，并报总承包部备案，重大隐患治理专项方案，包括以下内容：整改的目标和任务；整改技术方案和整改期的安全保障措施；经费和物资保障措施；整改责任部门和人员；整改时限及节点要求；应急处置措施；跟踪督办及验收部门和人员。

重大隐患整改完成后，应按规定向相应主管部门申请验收，完成各项手续，然后向总承包部报送生产安全隐患治理完成报告，并附相关验收资料；验收不合格的，要及时采取相应工作措施，继续排查治理，直至验收合格。

(2) 强化重大技术方案及危大工程管理

根据总体施工组织设计编制年度、月度技术方案编审清单及危大工程方案清单，从方案的编制、审批、论证、交底、验收五大环节进行严格把关，确保每一个细节都符合工程要求和安全标准。严格落实深基坑、高支模、盾构始发到达等关键节点实施前条件核查工作，坚持执行风险工序实施前签字审批手续，及时发布重要施工风险提示，每日进行监测数据收集、分析、预测、预警。

1）方案管理

①方案编制原则及内容

对于城市轨道交通工程项目施工方案的编制原则，应符合以下要求：

a. 各参建工区编制各自施工范围内施工技术方案，应该包括危大工程方案等内容，即坚持“谁实施、谁编制、谁负责”的原则；

b. 方案内容应该符合国家现行的技术规范和标准，遵守国家和地方政府的有关法律法规；

c. 在同等条件下，应该优先采用经过论证的新技术、新材料、新设备和新工艺（以下简称“四新技术”）；

d. 在制定过程中，应该对主要技术、施工方案进行充分的方案比选，保证施工方案的先进性、经济合理性。

施工技术方案一般应当按总体施工方案、专项施工方案进行编制，主要内容包括：编制依据、主要技术标准、主要技术资料和参数、设计方案、建设条件和特难点分析、技术思路、总体施工方案、专项施工方案、大临工程、关键装备、施工验算、场地布置、环保和质量措施、主要工程数量、工期安排、工程造价、风险评估分析、方案比选及推荐方案、采用四新技术情况、创新计划和应急处置措施等。

②方案论证、审批及备案管理

对于危险性较大的分部分项工程（含超过一定规模），应加强内部技术质量控制，总承包部技术质量部牵头，在施工组织设计的基础上，单独编制专项施工方案，包括编制依据、施工计划、施工工艺技术等。为严控危险性较大的分部分项工程（含超过一定规模）施工方案的质量，还可以采取外部专家评审小组、召开专家论证会等一系列外部控制措施。不属于危险性较大的分部分项工程（含超过一定规模），应根据技术、风险、工法难度等将施工方案分为Ⅰ、Ⅱ、Ⅲ等类别，按相关规范和要求制定分类方案的标准化审批流程。对于需外部专家进行评审的重大方案，总承包部应严格控制各工区项目部的方案编制质量。

每项技术方案完成外部审批后，需向总承包部技术质量部进行登记备案，备案时应同时报送纸质材料及电子文档（包括软件计算的过程记录），总承包部需及时跟踪方案实施情况。

对项目技术方案通过审查后发生的技术方案重大变更（如：地质水文、气象等自然条件显著变化；主体结构类型变更，规模显著增大；主要施工技术和施工机具设备变化等）应按要求重新上报、审批。

③方案实施及后评价

总承包部对各工区项目部的方案实施管理实行技术巡查制度，按照每日不少于1次、结合不定期专项巡查的频次进行技术巡查，巡查结果形成通报并纳入绩效评价。巡查内容主要包括各工区项目部工程技术管理制度的制定及执行情况、技术方案执行情况和管理职责履行情况，以及施工组织设计、危险性较大的分部分项工程专项方案等技术方案的编制、审查、审批及执行情况等。

总承包部每周编制现场情况简报，并将巡查中发现的问题通过整改通知单、罚单、便签、红头文件等形式告知被巡查各工区项目部。各工区项目部应对存在的问题按时、逐项进行整改，并向技术质量部回复整改落实情况。

总承包部在各分部分项工程专项方案实施完毕后，对实施内容组织验收，验收内容包括工程实体质量及内业资料。同时总承包部还应督促各工区按照总承包部技术总结管理办法及编制计划，编制相关工序工法的技术总结，对技术方案的编制内容及实施效果进行综合评价，总结经验教训，提高技术质量管理水平，为后续同类工序工法提供经验及依据。

2）严格落实关键节点实施前条件核查

关键节点是指城市轨道交通工程开（复）工或施工过程中，风险较大、风险集中或工序转换时容易发生事故和险情的关键工序和重要部位。关键节点施工前条件核查是指在影响建设工程质量安全的关键节点施工前，施工单位应对技术、环境、人员、设备、材料等相关条件是否满足工程质量和安全生产要求进行自控自检，建设公司或监理单位组织监理（或建设）、勘察、设计、施工、咨询等单位对相关条件进行核查，以加强施工现场安全质量预控管理。

城市轨道交通工程关键节点核查应按照工程自身风险和周边环境风险的危险程度划分为一类关键节点和二类关键节点。

①关键节点条件核查的内容包括但不限于

a. 勘察和设计交底的完成情况；

b. 专项施工方案编制、审批和专家论证情况；

c. 施工监测、第三方监测方案编制审批及落实、监测点布设及验收、监测情况；

d. 安全技术措施落实情况；

e. 周边环境核查和保护措施落实情况；

f. 材料、施工机械准备情况；

g. 项目管理、技术人员和劳动力组织情况；

h. 应急预案编制审批、演练和救援设备、物资储备情况；

i. 相关工程质量检测资料；

j. 法规、标准、设计文件及合同约定的其他情况等。

②一类关键节点施工前条件核查的组织

由建设公司项目负责人组织并担任核查组组长，核查组成员包括：建设公司项目工程师、勘察、设计、施工、监理、第三方监测、检测、测量等单位的项目负责人、总承包部相关人员及不少于3名专家组成（其中至少包含一名参加过有关专项施工方案论证会的专家）；专家应从国家、省、市建设行政主管部门公布的专家库名录相关专业中抽取，但不得为本工程相关人员。

③二类关键节点施工前条件核查的组织

由监理单位总监理工程师组织并担任核查组组长，核查组成员包括：建设公司项目负责人（或委托项目工程师）、施工单位项目负责人及其他主要管理人员、总承包部相关人员，结合不同关键节点的具体核查内容，还应通知参建单位相关人员，如设计单位专业负责人、勘察单位项目专业负责人、第三方监测、检测、测量单位专业人员等参加，如有必要可邀请相关专家共同对关键节点进行核查。

5. 安全教育培训

各工区项目部制定并实施安全教育培训计划，工区项目主要负责人、专职安全管理人员以及其他人员都应进行安全教育培训。其他人员上岗前必须经过公司、项目部、班组（部门）三级安全生产教育培训。

①公司级岗前安全生产教育培训内容应包括：

a. 本公司安全生产情况及安全生产基本知识；

b. 本公司安全生产规章制度和劳动纪律；

c. 从业人员安全生产权利和义务；

d. 事故应急救援、应急预案演练及防范措施；

e. 有关事故案例；

f. 其他需要培训的内容。

②项目级岗前安全生产教育培训内容应包括：

a. 本项目安全生产状况及要求；

b. 工作环境及危险因素；

c. 作业现场安全标准化；

d. 可能遭受的职业伤害和伤亡事故，以及安全职责、操作技能及强制性标准；

e. 现场安全检查与隐患排查治理；

f. 自救互救、急救方法、疏散和现场紧急情况的处理；

g. 个人劳动防护用品的使用；

h. 有关事故案例；

i. 其他需要培训的内容。

③班组（部门）级岗前安全生产教育培训内容应包括：

a. 岗位危险有害因素及安全操作规程；

b. 岗位自检、互检和交接检查的重点、方法及程序；

c. 岗位之间工作衔接配合的安全与职业健康事项；

d. 作业条件与环境改善；

e. 危险源和隐患辨识；

f. 有关事故案例及现场应急处置措施；

g. 其他需要培训的内容。

为保证各工区项目部安全教育培训的有效落实，总承包部对工区项目部安全生产教育培训进行监督检查，并按规定严格考核。检查主要包括以下内容：

a. 安全生产教育培训制度、计划的制定及其实施的情况；

b. 主要负责人和安全生产管理人员接受培训的情况；

c. 特种作业人员持证上岗的情况；

d. 建立安全生产教育培训档案的情况；

e. 其他需要检查的内容。

6. 严格控制特种作业人员及设备的准入

抓特种作业人员及设备的准入是确保工程质量和安全的关键环节。特种作业人员，如高空作业、电工、焊工等，需要特殊技能和知识来应对工作中的各种风险。因此，确保这些人员通过专业培训并获得相应资质证书是至关重要的。这不仅涉及个人安全，也关乎整个工程项目的安全和效率。对于设备准入，特别是那些用于特种作业的设备，如起重机械、电焊设备等，也必须严格审查。这包括设备的性能测试、安全性能检查以及定期维护。只有确保设备处于良好状态，才能最大限度地降低事故发生的风险。

此外，对特种作业人员进行持续的安全教育和技能培训也是不可忽视的。通过定期培训，可以确保作业人员对最新的安全规程和操作技术有充分的了解和掌握，确保特种作业人员时刻保持对最新安全规程的清晰认知以及熟练掌握各种先进的操作技术。同时，建立健全的事故预防和应急响应机制，可以在发生紧急情况时迅速有效地采取措施，保障人员和设备的安全。

总的来说，严格控制特种作业人员及设备的准入，不仅体现了对工程质量和安全的重视，也是对作业人员生命安全的基本保障。通过这些措施，可以极大地降低工程项目中的风险，确保工程的顺利进行。

5.3.3 环境保护管理

环境保护是我国一项长期坚持的基本国策，目的是保护生态环境，使社会的经济发展与人类的生存环境相协调。城市轨道交通工程在提高人们出行效率、推动社会经济发展的同时，其施工阶段产生的大量污染物也严重影响着环境。在环境总体污染中，与城市轨道交通工程施工阶段相关的主要污染包括水、大气、土壤、固体废弃物、噪声和光污染，这对生态环境产生了严重破坏。相比前几年，项目施工对环境的污染有所降低，但污染态势仍然严重，生态环境破坏已经成为制约我国社会经济可持续发展的关键因素[11]。

党的十八大以来，习近平总书记多次强调“绿水青山就是金山银山”，“两山理论”已成为引领我国走向绿色发展之路的基本国策。党的十九届五中全会中，习近平总书记强调要坚定不移贯彻“创新、协调、绿色、开放、共享”的新发展理念，提出到2035年“生态环境根本好转、美丽中国建设目标基本实现”的社会主义现代化远景目标。因此，在轨道交通工程施工过程中倡导文明施工理念、采取文明施工措施、防治污染保护环境，可以有效推进生态文明建设、促进经济社会可持续发展，也对促进我国城市轨道交通工程健康可持续发展具有重要的现实意义。

在施工总承包管理中明确要求绿色施工要达到现行国家标准《建筑与市政工程绿色施工评价标准》GB/T 50640规定的优良等级。在保证质量、安全等基本要求的前提下，在工程建设过程中利用科学管理方法和先进技术，最大限度地节约资源并减少对环境的负面影响，实现“四节一环保”，即节材、节水、节能、节地和环境保护（表5-1）。为实现“四节一环保”的环境保护目标，可以依据生态系统理论，构建城市轨道交通工程施工总承包管理的环境管理体系（图5-5）。环境管理体系的生态系统主要包括外在系统、内在系统和中间系统。其中，环境管理的外在系统是对内在系统中资源的一系列宏观调控和管理措施，包括政府层面、集团层面和项目层面。环境管理的内在系统是轨道交通施工中环境管理的核心，也是环境管理的对象，即被管理的各个自然资源和工程资源子系统的集合。环境管理的中间系统是联系内在系统和外在系统的信息技术系统。

环境管理目标　　表 5-1

名称	主要指标	目标值
节材与材料资源利用	结构材料	损耗率比定额损耗率降低 50%
	周转材料	钢管、槽钢、木方等材料重复使用率达到 70%
节水与水资源利用	提高用水效率	节水器具配置率 100%
	非传统水源利用	非传统水源再利用量大于 30%
节能与能源利用	施工用电与照明	节能照明灯具：办公区和生活区使用率达到 100%；施工现场使用率达到 80%
节地与土地资源利用	临时用地指标	临建设施占地面积有效利用率大于 90%
	施工总平面图布置	职工宿舍使用面积不小于 2.5m^2/人
环境保护	废弃物控制	1. 废弃物再利用率和回收率达到 50% 2. 有毒、有害废弃物分类率达 100%
	噪声控制	1. 各施工阶段昼间噪声：≤70dB 2. 各施工阶段夜间噪声：≤55dB
	扬尘措施	1. 土方作业：扬尘高度≤1.5m 2. 结构施工：扬尘高度≤1m 3. 车辆运输：扬尘高度≤1.5m

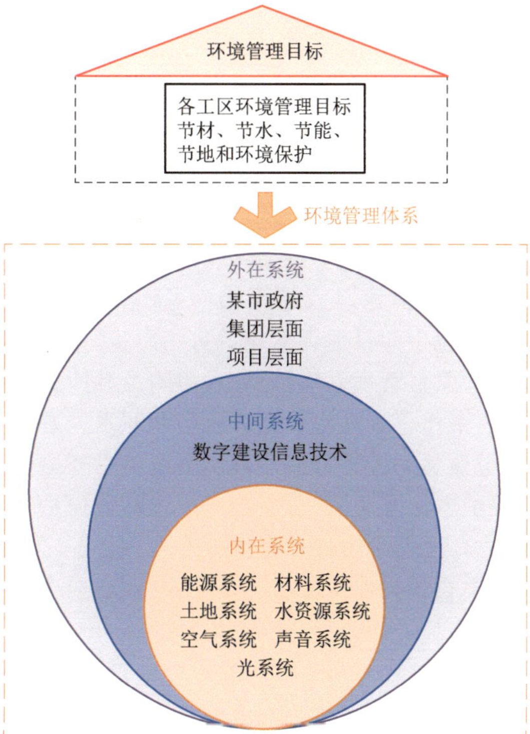

图 5-5　城市轨道交通工程施工总承包管理的环境管理体系

1. 环境管理的外在系统

环境管理的外在系统是对内在系统中资源的一系列宏观调控和管理措施。以某城市轨道交通工程施工总承包管理的环境管理体系为例进行分析。

(1) 市政府的环境管理政策

1) 远景规划

市级政府一般依据国家法律法规、省级政府的环境保护规划，树立“提高绿色低碳发展水平，持续改善生态环境质量，健全各方参与的多元环境治理体系，建立生态产品价值实现机制，着力构建系统完善、运行有效的生态文明制度体系”等远景目标。

2) 法律规章

根据《中华人民共和国建筑法》《建设工程安全生产管理条例》等有关法律、法规，结合各地区实际，市级人民政府制定并颁发施工现场管理办法、环境保护管理办法、大气污染管理办法、环境噪声污染防治办法、扬尘污染防治管理办法、建设工程安全生产和文明施工管理办法等一系列环境保护相关政策，抓实抓严施工现场文明施工管理，强制要求施工单位履行文明施工管理职责，需严格落实“八达标两承诺一公示”标准，做到“围挡达标、道路硬化达标、冲洗平台达标、清扫保洁达标、裸土覆盖达标、工程机械达标、油品达标、运输车辆达标”，签订含有大气污染防治措施相关要求的“油品使用承诺书”“扬尘控制承诺书”，设立扬尘污染防治公示牌。

此外，为鼓励支持工程建设各方创建建筑安全文明施工标准化示范工地，各省市建立优质优价制度，根据安全文明施工管理成效配套不同激励措施，同时在安全文明施工费用中增列扬尘污染防治增加费。

(2) 集团层面的环境管理规划

某集团是全球领先的特大型基础设施综合服务商，坚持追求经济、环境、社会综合价值最大化，不断完善环境管理体系，积极践行“绿水青山就是金山银山”理念，全力推进生态文明建设，将环境保护贯穿于工程项目设计、建设、运营全过程，把绿色环保产业纳入企业总体发展战略，开展节能环保三年行动，严格落实节能减排，不断提高资源利用效率，加大自然生态保护力度，积极应对气候变化，实现企业与自然的协调发展，为落实2030年前碳达峰、2060年前碳中和目标贡献建筑央企力量。

1) 颁布《生态环境保护监督管理办法》，要求集团及其所属各级全资、控股子公司履行生态环境保护的监督管理工作。该办法从组织机构和职责、基本要求、过程管理、监测统计与报告、监督检查与考核奖惩五个方面，落实全员生态环境保护责任。

2) 颁布《生态环境保护考核办法》，全面落实生态环境保护责任制，每年对各事业部和各单位所辖领域内的生态环境保护管理工作进行考核评价。

3) 颁布《路桥轨道类工程项目安全检查评价标准（试行）》，要求对环境保护管理的基础管理、环保措施项目进行检查评定。

4) 颁布《安全生产、环境保护与职业健康、工程质量、节能减排督查办法》，为促进节能减排工作的深入开展，制定节能减排督查内容（表 5-2）。

(3) 项目层面的环境管理措施

根据某市政府层面和企业层面的环境管理措施，在城市轨道交通工程建设中，通过科学的统筹管理和技术进步，最大限度地节约资源与减少对环境负面影响的施工活动。项目层面的环境管理措施主要包括指导思想、组织机构及职责、绿色施工基本原则、绿色施工管理措施以及绿色施工重难点对策。

节能减排检查表　　表 5-2

检查内容	标准要求
一、管理体系建设情况	1. 成立了以总经理为组长的节能减排工作领导小组，建立了工作制度
	2. 明确了节能减排主管部门和配备了专(兼)职节能减排管理人员，明确了监督管理职责
二、规章制度制定与执行情况	1. 适用的法律、法规是否规范、齐全
	2. 上级相关制度文件能够及时贯彻落实
	3. 制订中长期规划和年度工作计划
	4. 建立健全了节能减排规章制度和技术标准，并认真落实
	5. 建立健全了节能减排奖惩考核制度，并认真落实
三、节能减排目标分解与责任落实情况	1. 实施节能减排目标管理，制定了阶段性和年度控制指标
	2. 层层分解和细化了节能减排管理目标，细化的节能减排目标符合工作实际
	3. 对节能减排目标完成情况进行跟踪、检查、评价，对完不成的及时纠正处理
	4. 开展了能效水平对标活动
四、能源因素识别与监控情况	1. 建立了能源因素识别台账，有效识别出能源因素，并开展了能源因素评价，有针对性制定了能源因素控制措施
	2. 建立了自有主要能耗设备台账
	3. 建立了租赁能耗设备台账
	4. 配齐能源计量器具，并建立了能源计量器具台账，及时送检
	5. 建立了能源利用消耗台账、能源成本核算表、主要耗能设备能源利用表
	6. 节能减排数据统计准确、真实，上报及时
五、节能减排技术创新与应用情况	1. 节能减排技改和创新投入资金情况
	2. 节能减排“新材料、新技术、新工艺、新设备”立项、研发及成果推广应用情况
六、企业结构调整和淘汰落后生产力情况	1. 合理布局企业产业结构和用能结构
	2. 制定了淘汰落后产能工作计划和工作方案，及时淘汰高能耗、高污染、低效率的工艺、设备和产品
	3. 加强了设备采购管理，机械设备应符合国家能耗排放要求
	4. 设备的维修、保养、使用管理规范
七、分包管理情况	1. 明确了工程总承包和分包单位各自节能减排责任
	2. 建立了劳务分包和租赁设备能耗使用台账
	3. 对分包工程节能减排的监管情况
八、节能减排宣传教育情况	1. 建立了节能减排教育培训制度，制定了教育培训计划和方案
	2. 加强了节能减排工作的宣传
九、企业社会责任	企业或项目研发、设计、施工、制造的节能减排工程(产品)为国家(客户)节能减排的贡献

1）指导思想

为贯彻党的十九大提出的建设生态文明是中华民族永续发展的千年大计的奋斗目标，为加大环境治理力度，推广新技术、新工艺、新材料、新机具在工程中的应用，积累经验，在城市轨道交通工程施工总承包管理中，将生态文明、绿色循环低碳理念融入项目建设发展的各方面和全过程，紧密结合轨道交通施工特点，立足工程实际，集思广益，综合统筹，以节约资源、提高能效、控制排放、保护环境为目标，通过提升绿色理念、改进施工组织，合理采用“四新五小技术”，强化绿色循环低碳管理创新，综合运用经济、法律和行政技术手段，着力提高能源、土地、材料等资源利用效率，努力降低施工生产和生活中污染物排放量，减少水土流失，显著减少对生态环境的影响，在不增加或者少增加投资的情况下，实现环境保护与社会发展整体效益最大化，力争打造成一个绿色施工工程。

2）组织机构及职责

职业健康安全环保委员会（安委会）由事业部（分公司）领导及各部门、工会、团委负责人共同组成。事业部（分公司）主要负责人为安委会主任，其他领导为副主任。

总承包部成立以总经理、党工委书记（环保第一责任人）为主任的安委会，负责统一领导本项目的环境管理工作，并建立工作制度，负责全面领导绿色施工工作，对总承包部管辖的各个工区项目部的环境管理进行监督，此为纵向管理层级。

各工区项目部成立绿色施工工作小组，明确绿色施工责任，制定绿色施工规章制度，落实绿色施工措施，此为横向管理层级。每个工区项目部同时受到横向和纵向两个方向的管理，但两者指令相冲突时，以纵向管理指令为主。

各工区项目经理是各工区项目环境保护管理第一责任人，对项目环境保护管理承担主要领导责任，主管生产的副经理对环境保护管理承担直接领导责任，技术负责人对环境保护管理的相关技术承担直接责任，其他人员承担相应的岗位责任（表 5-3）。

绿色施工组织机构及职责　　表 5-3

岗位/部门	绿色施工管理职责
绿色施工专家顾问组	负责指导绿色施工工作，对项目绿色施工工作提供技术咨询
建设单位、设计、监理	参与并协助完成全过程的绿色施工
项目经理	负责绿色施工的全局统筹，为绿色施工第一责任人，负责绿色施工的组织实施及目标实现，并指定绿色施工管理人员和监督人员。贯彻执行绿色施工法律法规和各项规章制度，对项目施工全过程的绿色施工负全面领导责任
项目总工	对绿色施工负总的技术责任，严格审核技术方案、技术交底等，贯彻落实国家环境管理方针、政策，严格执行技术规程、规范、标准文件
安全总监	贯彻和宣传有关的绿色施工法律法规，组织落实各项绿色施工规章制度，并监督检查
副经理	负责实施绿色施工措施，参加绿色施工检查，提出相应的整改措施，督促落实
工程管理部、安全环保部	参加绿色施工检查，对检查出的不符合因素，提出相应整改措施。负责材料设备等绿色施工措施落实
综合管理部	负责后勤管理、疫情防控管理、保卫管理等工作
各专业分包与劳务分包	项目施工的执行者，与总承包方签订关于“四节一环保”的合同，确保全过程绿色施工

3）绿色施工基本原则

实施绿色施工，应对施工策划、材料采购、现场施工、工程验收等各阶段进行控制，加强对整个施工过程的管理和监督。

4）绿色施工管理措施

①编制绿色施工方案。该方案应按有关规定进行审批。绿色施工方案应包括以下

内容：

a. 环境保护措施，制定环境管理计划及应急救援预案，采取有效措施，降低环境负荷，保护地下设施和文物等资源。

b. 节材措施，在保证工程安全与质量的前提下，制定节材措施。如进行施工方案的节材优化，建筑垃圾减量化，尽量利用可循环材料等。

c. 节水措施，根据工程所在地的水资源状况，制定节水措施。

d. 节能措施，进行施工节能策划，确定目标，制定节能措施。

e. 节地与施工用地保护措施，制定临时用地指标、施工总平面布置规划及临时用地节地措施等。

②绿色施工应对整个施工过程实施动态管理，加强对施工策划、施工准备、材料采购、现场施工、工程验收等各阶段的管理和监督。

③应结合工程特点，有针对性地对绿色施工工作进行相应的宣传，通过宣传营造绿色施工的氛围。

④定期对职工进行绿色施工知识培训，增强职工绿色施工意识。

5）绿色施工重难点对策

①车站主体基坑开挖及盾构区间施工土方量庞大，运输道路对居民区可能存在少许影响，开挖及运输施工过程中扬尘、噪声以及土方运输滴、洒、漏等现象对环境存在影响；施工过程对堆存裸露土方进行覆盖，基坑边坡要进行防护等，合理组织开挖，根据现场扬尘情况进行洒水降尘，合理安排开挖、出土作业时间，选择低噪声设备最大限度减少对周围影响，土方运输采用专用带有覆盖棚的车辆进行运输。

②施工周边为工厂及其员工宿舍区的，应严格控制夜间施工、光污染、噪声污染对周围的影响，夜间施工及时办理夜间施工核准书。

③施工期间作业人数峰值极高，生活区的节水、节电以及产生的污水、垃圾等管理难度大，合理对生活区进行布置，对雨污水进行分流，对生活区用水、用电进行计量，由项目专人负责管理。

④土方机械、混凝土运输车、材料运输车、各种吊车、装载机、钢筋加工等设备使用较多，对环境污染有一定影响，应制定相应规定和措施，严禁购入超出国家及行业有关环境保护标准的设备，对机械运输设备的跑、冒、滴、漏和油料的外泄、水泥的散失以及有毒、有害物质等制定具体的防治污染管理措施，并对实施情况进行监督检查。开展节能降耗活动，搞好车辆、机械设备的尾气监测和达标工作，减少对环境的影响。

2. 环境管理的内在系统

内在系统是环境管理的核心，是轨道交通工程项目施工中环境管理的对象，包括管理的各个自然资源和工程资源系统。与城市轨道交通工程项目施工阶段相关的自然资源和工程资源主要包括能源、材料、土地、水资源、大气、声音和光。内在系统是各个资源系统的集合，以下是对内在系统的各个子系统管理措施的说明。

（1）能源系统

节能与能源利用包括以下措施：

1）与分包单位签订相关协议，将节能与能源部分纳入相关协议条款。

2）制定合理施工能耗指标，提高施工能源利用率，优先使用国家、行业推荐的节能、高效、环保的施工设备和机具。尽量使用电动工具且能耗达到国家节能标准的产品。

3）建立施工机械设备管理制度，定期对各区域使用机械进行计量、核算、对比分析，及时做好维修保养工作，使机械设备保持低耗、高效的状态。

4）安排施工工艺时，应优先考虑耗用电能或其他能耗较少的施工工艺。避免出现设备额定功率远大于使用功率或超负荷使用设备的现象，提高各种机械的使用率和满载率，降低各种设备的单位耗能。

5）施工前对于所有工人进行节能教育，树立节约能源的意识，养成工人良好的习惯，并在电源控制处，贴出“节约用电”等标志，在宣传栏处设置有关节能减排的宣传文章，施工道路两旁均采用太阳能路灯进行照明，以减少电能的消耗。

6）现场选择功率与负载相匹配的施工机械设备，避免大功率施工机械设备低负载长时间运行。机电安装可采用节电型机械设备，如逆变式电焊机和能耗低、效率高的手持电动工具等。机械设备宜使用节能型油料添加剂，在可能的情况下，考虑回收利用，节约油量。

7）利用场地自然条件，合理布置生活及办公临时设施。减少夏天空调设备的使用时间及耗能量。

8）合理配置空调、风扇数量，规定使用时间，实行分段分时使用，夏季项目部室内空调设置不得低于26℃，冬季室内空调温度设置不得高于20℃，空调运转工作期间应关闭门窗，节约用电。临时用电优先选用节能电线和LED节能灯具，临电线路合理设计、布置。临电设备宜采用自动控制装置。采用节能照明灯具。照明设计以满足最低照度为原则，照度不应超过最低照度的20％。

9）采用集中热泵热水机，热水供给生活区宿舍沐浴使用，按每天人均需用水量为40L/55℃的热水。集中供水比分散电热水器日常维护难度小，成本低，节能效果明显。

10）钢筋加工场设置采光板，白天采用自然采光无需照明设施，降低能源消耗。

（2）材料系统

节材与材料资源利用包括以下措施：

1）图纸会审时，审核节材与材料资源利用的相关内容，力求将材料损耗率比定额损耗率降低30％。

2）根据施工进度、库存情况等合理安排材料的采购、进场时间和批次，减少库存。

3）现场材料堆放有序。储存环境适宜，措施得当。保管制度健全，相关责任落实到位。

4）材料运输工具适宜，装卸方法得当，防止损坏和遗撒。根据现场平面布置情况就近卸载，避免和减少二次搬运。

5）采取技术和管理措施提高模板、脚手架等的周转次数。

6）优化安装工程的预留、预埋、管线路径等方案。

7）就地取材，施工现场500公里以内生产的建筑材料用量占建筑材料总重量的70％以上。

8）节约办公材料，办公室设置双面纸、废旧电池、废旧墨盒回收箱，废旧墨盒回收箱需要加上盖子。

其他材料节约措施：

1）车站侧墙计划采用定型模板，以节约自然资源为基本原则，及时保养，同时采取先进的技术和管理措施提高模板周转次数，节约材料。

2）充分利用现有的施工场地，紧凑有序。施工设备和材料堆场按照“就近堆放”和“及时周转”原则，尽量布置在龙门吊覆盖范围内，尽量减少材料场内二次搬运。

3）施工现场工具、构件、材料的堆放必须按照总平面布置图放置，按品种、分规格，设置标识牌摆放整齐。各工序按计划及时插入，合理地调整材料场地布置，满足施工需要。

（3）土地系统

节地与施工用地保护包括以下措施：

1）项目管理人员在现场进行多次勘察测量，根据现场条件对临时设施占地面积进行规划，按用地指标所需的最低面积进行设计。

2）施工现场仓库、加工厂、作业棚、材料堆场等布置靠近已有道路，缩短运输距离，减少材料二次转运及材料运输对道路的需求。

3）优化深基坑施工及土方回填方案，减土方开挖和回填量及土方转运量，保护用地，土开挖过程考虑预留，进行土方平衡，避免二次倒运。

4）利用和保护施工用地范围内原有绿色植被。对于施工周期较长的现场，可按建筑永久绿化的要求，安排场地新建绿化。

5）施工现场布置实施动态管理，应根据工程进度对平面进行调整，特别是土方开挖，根据结构施工进行调整。

6）场内交通便道宽度 9m，局部 12m，转弯半径不大于 15m，尽量形成环形通道。

土地系统中固体废弃物污染防治的措施主要包括：

1）对于生活所产生的废弃物，在施工区和生活区设置足够的临时卫生设施，并安排人员定期处理，统一堆存至垃圾池。

2）各施工现场在施工作业前应设置固体废弃物堆放场地或容器，对有可能因雨水淋湿造成污染的弃物，需搭设防雨设施。现场堆放的固体废弃物应标识名称、有无毒害，并按标识分类堆放。

3）有害有毒类的废弃物不得与无毒无害类废弃物混放。

4）固体废弃物的处理应由管理负责人根据废弃物的存放量及存放场所的情况安排处理。

5）对于无毒无害有利用价值的固体废物，如在其他工程项目上可以再次利用，应向材料部门、生产部门提出回收意见。

6）对于无毒无害无利用价值的固体废弃物处理，应委托环卫垃圾清运单位清运处理。

7）对于有毒有害的固体废物处理，应委托有危害物经营许可证的单位处理。

（4）水资源系统

节水与水资源利用包括以下措施：

1）在工程施工前与分包单位签订相关协议，将节水与水资源保护部分纳入总承包管理范畴。

2）根据现场实际情况布置供水管网，管径合理、管路简捷，采取有效措施减少管网的用水器具的损坏。

3）办公生活区采用节水供水设施，生产区则采用蓄水池水养护，包括现场洒水降尘。

4）施工现场办公区、生活区的生活用水采用节水系统和节水器具，提高节水器具配置比率。

水资源系统同时涉及土地资源保护，相关措施主要包括：

1）施工临时工程建设尽量减少对原始地貌的破坏，保留现有植被。场地硬化只在道路、施工、生活区等交通及生产范围内，其他区域保持原始。

2）沉淀池、化粪池等不发生堵塞、渗漏、溢出等现象。及时清掏各类池内沉淀物，并委托有资质的单位清运。

3）严格按照“截、拦、排、挡、覆”要求做好场内的水保、环保措施，对施工现场和生活区不同的区域进行绿化、硬化或覆盖等。

4）对于有毒有害废弃物如电池、墨盒、油漆、涂料等应分类收集回收，不能作为建筑垃圾外运，避免污染土壤和地下水。

（5）空气系统

大气污染防治包括以下措施：

1）施工现场的粉尘排放应满足现行国家标准《大气污染物综合排放标准》GB 16297 的相关规定，以不危害作业人员健康为标准。

2）施工现场建立洒水清扫制度，配置洒水设备，定期进行洒水清扫作业，并安排专人负责。

3）现场进出口设滚轮洗轮机、平板洗轮机、三级沉淀池，对出场车辆进行冲洗。

4）对水泥的贮存必须进行封闭处理，在转运过程中作业人员应戴防尘口罩，对砂、灰料堆场，按总平面图布置堆放在规定的合理场所。

5）工人清理垃圾时，清扫人员戴防尘口罩，使用吸尘器按照先洗后用水的顺序将粉灰状的施工垃圾清洗干净。垃圾堆放区设置在避风处，以免产生扬尘，同时根据垃圾数量随时清运出施工现场，运垃圾的专用车每次装完后，用苫布盖好，避免途中遗撒和运输过程中造成扬尘。

6）钢筋加工棚、木工棚、仓库地面均采用混凝土硬化，并做到每天清扫，人走场清，经常洒水降尘。

7）施工现场非作业区达到目测无扬尘的要求。对现场易飞扬物质采取有效措施，如雾炮机降尘、洒水车洒水、地面硬化、密网覆盖、封闭等，防止扬尘产生。

（6）声系统

噪声污染防治包括以下措施：

1）施工现场的噪声控制应进行必要的噪声声级测定，声级测量应按规范进行。现场噪声排放不得超过现行国家标准《建筑施工场界环境噪声排放标准》GB 12523 的规定（表 5-4）。

2）根据现场实际情况布设噪声监控点，定点，定时，定人进行噪声监测，形成记录，对噪声结果进行分析并总结，并据此出具整改措施。

3）施工现场挖掘机、门式起重机、泵车等均采用先进机械、低噪声设备，机械定期进行保养维护。

施工现场的噪声限值 表 5-4

施工所处阶段	主要使用机械	噪声源噪声限值(≤dB)	
		昼间	夜间
土石方	推土机、挖掘机、装载机等	70	55
打桩	各种打桩机等	70	禁止施工
结构	混凝土搅拌机、振捣棒、电锯等	70	55
吊装	吊车、塔式起重机等	70	55

4）夜间一般不进行施工作业，如需工作时，应对施工噪声采取措施，及时办理夜间施工核准书并张贴告知。

（7）光系统

光污染防治措施包括：

1）光污染在施工过程中主要表现在两个方面，一是电焊过程产生的强光；二是夜间施工照明造成的污染。

2）在施工中，灯具选择节能的日光灯为主，不使用射灯，塔式起重机及夜间室外照明用的投光灯均设灯罩，随着工地的进度及时调整罩灯的角度，保证强光线不射出工地外。施工工地上设置的镝灯照射方向始终朝向工地内侧，施工场地外围的照明尽量采用柔光灯。

3）在组织施工时，钢筋连接应尽量采用套筒机械连接方式，减少其焊接量；将钢筋加工场设置在基坑顶以外的地方，并采取遮挡措施，以防电焊弧光的外泄。

4）采用废旧模板制作成电焊机遮挡，避免电焊弧光外泄。

5）夜间一般不应进行焊接作业，如需工作，应采用模板等材料进行挡光，减少光污染。

3. 环境管理的中间系统

环境管理的中间系统是联系内在系统和外在系统的信息系统。信息系统可以对能源、材料、土地、水资源、大气、声音、光等各个资源系统进行信息的采集、跟踪、分析、处理、监测和应用，而基于先进信息技术的环境管理数据又进一步反哺外在系统的宏观环境管理政策、规划和措施。

环境管理的中间系统可以采用“智慧工地整体方案”管理内在系统的各个子系统，以智慧工地物联网云平台为核心，基于智慧工地物联网云平台与现场多个子系统的互联，对现场各类工况进行数据采集、存储、分析与应用。通过接入智慧工地物联网云平台的多个子系统板块，根据现场管理实际需求灵活组合，实现一体化、模块化、智能化、网络化的施工现场过程全面感知、协同工作、智能分析、风险预控、知识共享、互联互通等业务，全面满足建筑施工企业精细化管理的业务需求，智能化地辅助建筑施工企业进行科学决策，推动施工企业监管水平的全面提高。智慧工地 3D 可视化平台提供可视化、可预知、可分析的环境管控工具，实现工地数据自动采集、远程控制、信息存储和分析、历史图像的检索和回收，确保工程施工进程的可视、可查、可溯、可控，有效提高现场作业人员、项目管理者的环境管理水平。基于智慧工地物联网云平台，可实现以下子系统的互联互通。

（1）办公自动化系统

利用现代化设备和信息化技术，进行无纸化办公，包括即时通信、文件传输、远程控制等，优质而高效地处理办公事务和业务信息，实现对信息资源的高效利用和环境资源的保护。

（2）视频监控系统

通过全天候、全流程的管理监控，为建筑企业提供全天候的环境监管服务，辅助管理人员全方位的了解施工现场情况。基于智慧工地物联网云平台，对接施工现场智能硬件传感器设备，利用云计算、大数据等技术，对所监测采集到的数据进行分析处理、可视化呈现、多方提醒，实现对建筑工地全方位的环境监控。

（3）扬尘噪声监控系统

针对辖区内施工现场扬尘、$PM_{2.5}$、PM_{10}、噪声等信息进行展示、预报警及统计分析。环境监测设备直传数据，可控制读取喷淋联动数据，接入大气环境数据，比对后自动预警。

（4）围挡喷淋系统

在建筑工地的围挡上安装喷淋系统，进行水雾降尘，控制施工现场粉尘和烟雾，吸附空气中的灰尘颗粒和杂质，起到降尘除尘和降温作用。

（5）车辆冲洗监督系统

对出工地现场的车辆进行管理，检查其是否按环保要求进行覆盖，并对车辆清洗3min以上。通过摄像机采集图像，自动分析渣土车是否覆盖且满足环保要求，若采集图像不符合要求，将发出预警信息。

5.3.4 职业健康管理

职业生理健康与职业心理健康共同构成了完整的职业健康管理范畴。城市轨道交通工程项目施工现场作业环境复杂，存在一些可能引起职业病的健康风险因素，比如粉尘（矽尘、水泥尘、电焊尘、石棉尘）、噪声、高温、振动、化学毒物和地下环境潮湿阴暗等。据统计，建筑业的职业病发病率排在所有行业中的第3位，实际接触职业健康危害的作业人员，占到各行业总样本数的近40%[12]。同时，城市轨道交通工程项目的现场管理人员是以管理、协调、技术为主要投入的职业群体。由于工期紧张、任务繁重、关系复杂、长期与家庭分离等特性，项目现场管理人员存在着独特、复杂、显著的职业心理健康问题。对我国工程项目经理生存状态的调查发现，压力大、失眠、精神衰弱者占比高达86.4%，职业心理健康问题十分突出[13]。

职业生理与心理健康的潜在威胁无法满足从业人员不断提升的改善工作环境的需求，直接影响到行业从业队伍的稳定和行业持续健康发展。因此，在城市轨道交通工程项目施工总承包管理中应关注员工的职业生理与心理健康，以“杜绝发生一般及以上职业病危害责任事故，保证员工身体健康”为职业生理健康管理目标，同时以“保持员工适度工作压力，维持员工长期心理健康”为职业心理健康管理目标。为保障职业健康目标的实现，城市轨道交通工程的施工总承包商应建立完善的职业健康管理体系。例如，依据职业健康相关理论，可以构建如图5-6（a）所示的职业生理健康管理体系以及如图5-6（b）所示的职业心理健康管理体系。

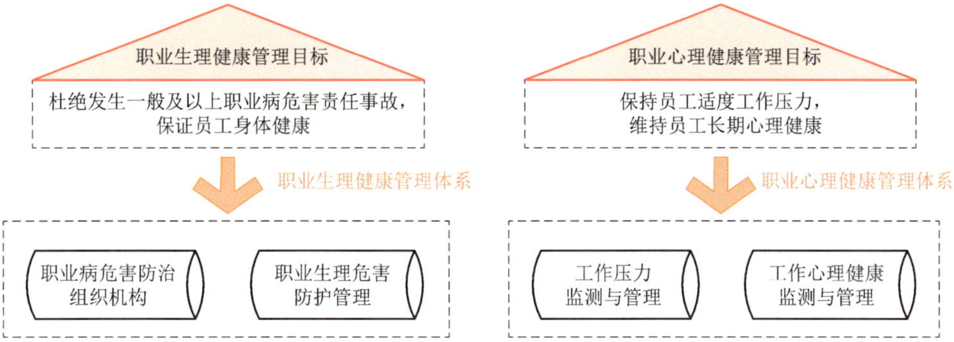

（a）　　　　（b）

图 5-6　城市轨道交通工程施工总承包管理的职业健康管理体系

1. 职业生理危害防护管理

（1）卫生防疫与禁酒管理

工区项目部应配专人按时清理打扫办公区、生活区公共卫生，并应采取灭鼠、灭蚊蝇、灭蟑螂等措施；办公室、宿舍必须制定卫生值班表，轮流打扫卫生，确保办公室、宿舍干净、整洁。

食堂取得相关部门颁发的许可证，并应悬挂在制作间醒目位置。炊事人员必须经体检合格并持健康证上岗。炊事人员上岗应穿戴整洁的工作服、工作帽和口罩，并应保持个人卫生。非炊事人员不得随意进入食堂制作间。食堂的炊具、餐具和公共饮水器具应及时清洗定期消毒。施工现场应加强食品、原料的进货管理，建立食品、原料采购台账，保存原始采购单据。严禁购买无照、无证商贩的食品和原料。

宿舍、食堂、浴室、厕所配有通风、照明设施，日常维护应有专人负责。各种设备、电器整齐有序、卫生。卫生标准：地面要保持 24h 整洁干净，无纸屑、无杂物，办公桌物品摆放整齐，门窗无尘土、无杂物。生活区应设置密闭式容器，垃圾分类存放，及时清运。

施工现场设立医务室，配备保健药箱、常用药品及绷带、止血带、颈托、担架等急救器材。现场发生传染病、食物中毒、急性职业中毒时，应及时向发生地的卫生防疫部门和建设主管部门报告，并按照卫生防疫部门的有关规定进行处置。

施工现场实行严格禁酒令：

1）严禁酒后进入施工现场；

2）严禁酒后上岗、酒后作业；

3）严禁项目负责人酒后带班生产、带班检查；

4）项目必须配备酒精检测仪器，对进入施工现场及办公场所的人员进行酒精检测；

5）项目必须制定警告、罚款、清除出场等处罚措施，严厉处罚违规饮酒人员，做到令行禁止；

6）项目必须制定奖励措施，奖励有关检举人员；

7）全体领导干部要以身作则，带头执行禁酒令，任何人有权举报和制止饮酒人员进入施工现场。

(2) 劳动防护用品管理

劳动防护用品，是指由生产经营单位为从业人员配备的，使其在劳动过程中免遭或者减轻事故伤害及职业危害的个人防护装备。劳动防护用品分为特种劳动防护用品和一般劳动防护用品。特种劳动防护用品实行安全标志管理。

各工区项目部应当按照现行国家标准《个体防护装备配备规范　第1部分：总则》GB 39800.1和国家颁发的劳动防护用品配备标准以及有关规定，为从业人员配备劳动防护用品，不得以货币或者其他物品替代。提供的劳动防护用品，必须符合国家标准或者行业标准。不得采购和使用无安全标志的特种劳动防护用品；购买的特种劳动防护用品须组织人员检查验收。从业人员在作业过程中，必须按照劳动防护用品使用规则，正确佩戴和使用劳动防护用品，未按规定佩戴和使用劳动防护用品的，不得上岗作业。

各工区项目部负责制定劳动防护用品采购计划，负责劳动防护用品的验收、发放、报废及登记工作。负责组织教育从业人员正确佩戴和使用劳动防护用品。各工区项目部应保存以下资料：劳动防护用品申请采购记录、发放记录、报废记录等；劳动防护用品的生产许可证、出厂合格证；特种劳动防护用品的安全标志；劳动防护用品的进场验收记录。

总承包部对劳动防护用品使用情况和特种劳动防护用品安全标志进行监督检查，监督各工区项目部按照国家有关规定为从业人员配备符合国家标准或者行业标准的劳动防护用品。安全环保监督部对下列行为进行监督检查，并要求立即整改：不按有关规定或者标准配发劳动防护用品的；配发无安全标志的特种劳动防护用品的；配发不合格的劳动防护用品的；配发超过使用期限的劳动防护用品的。

(3) 职业病防治应对

劳动者的职业病防治工作，坚持预防为主、防治结合的方针。各工区项目部为劳动者创造了符合国家职业卫生标准要求的工作环境和条件，并采取措施使劳动者获得职业卫生保护。职业病防治措施包括：

1) 配备专职或者兼职的职业健康管理人员，负责本单位的职业病防治工作；

2) 制定职业病防治计划和实施方案；

3) 建立、健全职业健康管理责任制度和操作规程；

4) 建立、健全劳动者职业健康档案；

5) 定期组织对工作场所职业病危害因素进行监测及评价；

6) 建立、健全职业病危害事故应急救援预案。

各工区项目部应对作业场所进行定期、不定期的职业病防治监督检查，对存在职业危害隐患的提出整改意见，并监督整改到位。总承包部将对各工区项目部职业健康管理情况进行监督和考核，纳入安全生产综合考评。

2. 工作压力监测与管理

城市轨道交通工程项目应在施工总承包管理中深入贯彻以人为本理念，关注员工心理健康。可以对全体项目人员实施工作压力监测与管理程序。实施工作压力监测与管理程序可以取得以下效果：

(1) 通过定期调查和反馈，提高员工对自身压力的认识，从而降低员工出现心理健康问题的风险；

(2) 通过分析团体压力调查结果和改善工作环境，从而减少与工作相关的压力源；

(3) 通过筛查“高压力”员工，并为他们提供接受医生访谈的机会，从而预防心理健康问题。工作压力测量的调查问卷如表 5-5 所示。该调查问卷包括以下三部分：

1) 心理压力源（如工作需求）；

2) 心理和生理压力反应（如抑郁和焦虑）；

3) 工作压力的缓冲因素（如主管支持等来自工作场所的社会支持）。

项目员工工作压力测量调查问卷　　表 5-5

请根据您过去一个季度工作中的实际感受和体会，如实评价以下调研问题的【符合程度】，并在相应数字上画“○”。						
维度	调研问题	非常不符合	不太符合	不确定	比较符合	非常符合
心理压力源	我有大量的工作要做	1	2	3	4	5
	我不能在规定的时间内完成我的工作	1	2	3	4	5
	我必须尽我所能努力工作	1	2	3	4	5
	我必须非常小心注意	1	2	3	4	5
	我的工作很难，因为它需要高水平的知识和技术技能	1	2	3	4	5
	我需要在整个工作日中不断地思考工作问题	1	2	3	4	5
	我的工作需要大量体力劳动	1	2	3	4	5
	我可以按自己的节奏工作(R)	1	2	3	4	5
	我可以选择工作的方式和顺序	1	2	3	4	5
	我可以表达我对工作场所政策的看法(R)	1	2	3	4	5
	我的知识和技能很少用于工作中	1	2	3	4	5
	我所在部门内部存在意见分歧	1	2	3	4	5
	我的部门和其他部门相处得不好	1	2	3	4	5
	我工作场所的气氛很友好(R)	1	2	3	4	5
	我的工作环境很差（例如噪声、照明、温度、通风）	1	2	3	4	5
	这份工作很适合我(R)	1	2	3	4	5
	我的工作值得做(R)	1	2	3	4	5
心理和生理压力反应	我一直非常活跃(R)	1	2	3	4	5
	我一直精力充沛(R)	1	2	3	4	5
	我一直很活泼(R)	1	2	3	4	5
	我感到烦躁不安	1	2	3	4	5
	我内心很恼火或生气	1	2	3	4	5
	我感到易怒	1	2	3	4	5
	我感到非常疲倦	1	2	3	4	5
	我感到筋疲力尽	1	2	3	4	5
	我感到疲惫或者无精打采	1	2	3	4	5
	我感到紧张	1	2	3	4	5
	我感到担心或没安全感	1	2	3	4	5
	我感到坐立不安	1	2	3	4	5

续表

维度	调研问题	非常不符合	不太符合	不确定	比较符合	非常符合
心理和生理压力反应	我一直很沮丧	1	2	3	4	5
	我一直认为做任何事都很麻烦	1	2	3	4	5
	我一直无法集中注意力	1	2	3	4	5
	我感到阴郁	1	2	3	4	5
	我一直无法处理工作	1	2	3	4	5
	我感到悲伤	1	2	3	4	5
	我感到头晕	1	2	3	4	5
	我经历过关节疼痛	1	2	3	4	5
	我经历过头痛	1	2	3	4	5
	我经历过脖子/肩膀僵硬	1	2	3	4	5
	我经历过腰痛	1	2	3	4	5
	我经历过眼睛疲劳	1	2	3	4	5
	我经历过心悸或呼吸急促	1	2	3	4	5
	我经历过胃/肠道问题	1	2	3	4	5
	我饮食没有胃口	1	2	3	4	5
	我经历过腹泻/便秘	1	2	3	4	5
	我一直睡不好	1	2	3	4	5
工作压力的缓冲因素	我可以和上级自由地交谈	1	2	3	4	5
	我可以和同事自由地交谈	1	2	3	4	5
	我可以和配偶、家人、朋友自由地交谈	1	2	3	4	5
	当我遇到麻烦时，可以从上级那里获得依靠	1	2	3	4	5
	当我遇到麻烦时，可以从同事那里获得依靠	1	2	3	4	5
	当我遇到麻烦时，可以从配偶、家人、朋友那里获得依靠	1	2	3	4	5
	当我就个人问题征求建议时，上级会倾听我的想法	1	2	3	4	5
	当我就个人问题征求建议时，同事会倾听我的想法	1	2	3	4	5
	当我就个人问题征求建议时，配偶、家人、朋友会倾听我的想法	1	2	3	4	5
	我对我的工作很满意	1	2	3	4	5
	我对我的家庭生活感到满意	1	2	3	4	5

注：R 表示评价得分应取反。

3. 工作心理健康监测与管理

工作心理健康是员工工作绩效的前提保证，主要体现在积极状态和消极状态两方面。为及时掌握员工工作心理状态，可以对全体项目人员的工作心理健康按季度开展动态监测与管理（调查问卷如表 5-6、表 5-7 所示）。其中，工作投入水平指的是员工处于情绪积极且精力充沛的工作状态，主要包括活力、奉献和专注三个方面；相反工作倦怠指的是由于持续性地工作，过度消耗了个体的体力、心理资源，从而出现的精疲力竭的工作状态，主要包括情绪耗竭、低成就感两个方面。因此，工作投入的评价可反映员工的积极工作心理健康状态，而工作倦态评价可反映员工的消极工作心理健康状态。

项目员工积极工作心理状态调查问卷　　表 5-6

请根据您过去一个季度工作中的实际感受和体会，如实评价以下调研问题的【符合程度】，并在相应数字上画“○”。						
维度	调研问题	非常不符合	不太符合	不确定	比较符合	非常符合
活力	工作时，我感到自己精力充沛	1	2	3	4	5
	工作时，我感到自己干劲十足	1	2	3	4	5
	早上起床时我很乐意去上班	1	2	3	4	5
奉献	我对自己的工作充满热情	1	2	3	4	5
	我为我所做的工作感到骄傲	1	2	3	4	5
	我所做的工作能够激励我	1	2	3	4	5
专注	当我专心工作时，我感到快乐	1	2	3	4	5
	工作时，我完全沉浸在其中	1	2	3	4	5
	工作时，我忘记周边的一切	1	2	3	4	5

项目员工消极工作心理状态调查问卷　　表 5-7

请根据您工作中的实际感受和体会，如实评价以下调研问题的【符合程度】，并在相应数字上画“○”。						
维度	调研问题	非常不符合	不太符合	不确定	比较符合	非常符合
情绪耗竭	工作让我感觉身心俱疲	1	2	3	4	5
	下班的时候我感觉精疲力竭	1	2	3	4	5
	早晨起床不得不面对工作，我感觉非常累	1	2	3	4	5
	整天工作对我来说确实压力很大	1	2	3	4	5
	工作让我有快要崩溃的感觉	1	2	3	4	5
低成就感	我能有效地解决工作中出现的问题	1	2	3	4	5
	我觉得我在为公司做最有用的贡献	1	2	3	4	5
	在我看来，我擅长于自己的工作	1	2	3	4	5
	当完成工作上的一些事情时，我感到非常高兴	1	2	3	4	5
	我完成了很多有价值的工作	1	2	3	4	5

出
EXIT
往栖霞山
To QIXIASHAN
号线
往南京南站
To NANJING SOUTH RAILWAY STATION

第六章

质量管理——树牢质量意识，铸造精品工程

本章节基于精细化项目管理的理念，对城市轨道交通项目质量精细化管理的概念、核心、手段进行阐述，意在对城市轨道交通工程的质量管理现状进行分析并提出改进措施，识别并消除制约质量管理成效的因素，优化现有管理体系，进一步增强精细化管理模式在工程质量管理上的影响力。

质量是企业向客户提供的产品或服务所应该具备的基本功能和属性，是企业和客户达成的物有所值的心理契约，没有质量，一切都会成为无源之水、无本之木。城市轨道交通项目的质量不仅关系到工程的适用性，还关系到广大人民群众的生命财产安全和社会稳定。

传统的质量管理，主要围绕产品质量形成全过程的各个环节，对影响工程质量人、机、料、法、环五大因素进行计划、控制，对可能出现质量问题的环节提前分析，采取相应措施进行重点控制，过程中对工程质量成果进行分阶段验证，对发现的问题采取相应的管理措施及时纠偏，不断分析、总结、持续改进，形成 PDCA 质量管理体系（图 6-1）。但受制于轨道交通施工专业性强、接口繁杂、地下工程的不确定性因素多以及行业内整体的履约水平、管理水平仍与一些质量意识较强的国家有所差距，目前国内城市轨道交通行业的工程质量仍需通过改进管理思路、优化管理理念来提升管控效果。

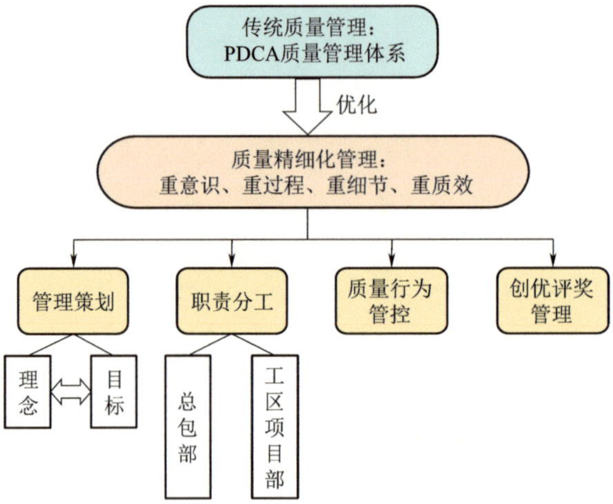

图 6-1　PDCA 质量管理体系

产品质量是工作质量的输出，工作质量是人工作习惯的输出，工作习惯是组织文化和质量管理文化的输出，所以应同安全管理一样，从战略层面去解决质量管理的源头问题，不是不断纠正人的不正确行为，而是不断提高全员质量意识，养成良好的质量行为习惯。在战术层面建立与精细化质量管理相匹配的规则，这套规则不仅要能够指导员工如何在具体工作中落实质量要求，还要能够确保技术领先和质量卓越，从而实现技术为先、质量成优的目标。

6.1　策划先行

6.1.1　管理理念

1. 质量的概念

要做好质量管理，首先要理解什么是“质量”。美国质量管理专家克劳斯比从生产者的角度出发，把质量定义为“产品符合规定要求的程度”。这一定义有两个方面的含义，即使用要求和满意程度。人们使用产品，总对产品质量提出一定的要求，而这些要求往往受到使用时间、使用地点、使用对象、社会环境和市场竞争等因素的影响，这些因素变化，会使人们对同一产品提出不同的质量要求。因此，质量不是一个固定不变的概念，它是动态的、变化的、发展的，它随着时间、地点、使用对象的不同而不同，随着社会的发展、技术的进步而不断更新和丰富。

用户对产品的使用要求的满足程度，实际上体现在多个层面，包括产品的性能、经济特性、服务特性、环境特性和心理特性等方面。具体来说，性能指的是产品在使用过程中的功能表现，它必须能够满足用户的基本需求，并展现出良好的稳定性和耐用性。经济特性则涉及产品的价格、成本效益以及长期使用的经济性，用户往往希望产品既实惠又耐用。服务特性则涵盖售前、售中和售后的服务支持，包括产品咨询、安装指导、维修保养等，这些服务的完善程度直接影响到用户的满意度。环境特性关注的是产品对环境的友好程度，如是否易于回收、是否低能耗等，这是现代社会对产品的又一重要要求。心理特性则涉及产品外观设计、品牌形象等方面，这些都会影响用户的购买决策和使用体验。

因此，质量这一概念并不仅仅局限于产品本身，而是反映了客户对产品的综合满意程度。在追求质量的过程中，产品不仅需要满足既定的质量验收标准，还要在成本、数量、进度、服务等因素上达到最佳组合。这意味着企业需要在保证产品质量的同时，还要注重成本控制、生产效率、交货速度以及服务质量的提升，确保在各方面都能满足用户的期望和需求。这种综合的概念要求企业在产品开发、生产、销售等各个环节都保持高度的敏锐性和灵活性，以应对市场的不断变化和用户需求的多样性。

2. 城市轨道交通项目质量管理的现状

城市轨道交通项目的质量不仅关系到工程的适用性，还关系到广大人民群众的生命财产安全和社会稳定。传统的质量管理，主要围绕产品质量形成全过程的各个环节，对影响工程质量人、机、料、法、环五大因素进行计划、控制，对可能出现质量问题的环节提前分析，采取相应措施进行重点控制，过程中对工程质量成果进行分阶段验证，对发现的问题采取相应的管理措施及时纠偏，不断分析、总结、持续改进，形成 PDCA 质量管理体系。轨道交通施工因其专业性强、接口繁杂、地下工程的不确定性因素多以及行业内整体的履约水平、管理水平仍与一些质量意识较强的国家有所差距，所以目前国内城市轨道交通行业的工程质量仍需通过改进管理思路、优化管理理念来提升管控效果。

项目的实体质量是打造品质工程各项环节的重中之重，除了需要满足合同、标准、规范、设计文件中所作出的明确规定，亦需满足客户对本项目的定位和期望。因此，以将项目打造为“高品质工程项目”为导向，围绕提高项目管理水平及工程实体质量的核心目标，编制项目质量策划，并力求在项目实施过程中进行科学管理，切实落实质量精细化管理目标，成为项目质量管理的重点关注方向。

3. 树立质量“零缺陷”观念

第五章安全管理章节中论述了安全意识对于安全管理的重要性，实际上培养质量意识也是质量管理的源头，但质量管理与安全管理还存在不同之处。安全管理在实施阶段更加侧重于防护，各级人员按照规范标准去做就能完成任务；而质量管理则需要操作者把产品做好做精，虽然每道工序都有规范标准、操作手册，但每一个作业人员的施工效果却不尽相同，所以人的素质是质量管理的第一要素，这里的“素质”是指包含了意识、认知、技术、判断、反应等在内的综合素质。

同时，产品质量是一个企业的企业文化、人员素质、管理水平、技术水平、装备水平等的综合体现，但首先是价值观和质量政策的体现，观念不改变，就不会有行为上的大改变。我们常常说质量管理要全员参与，这就要求质量管理组织的所有人都要有质量意识，尤其是项目经理、公司经理，是质量第一责任人，他们的质量意识对整个团队的质量管理文化有着不可替代的影响力。质量管理实则重在高层，领导和老板重视起来了，那质量管理人员，才能够放开手脚去干、去管。现在很多一把手都不太重视质量管理，因为做到质量精细化管理一定程度上会增加成本甚至影响工期，他们只能看到眼前的利益，却不知道一旦形成质量缺陷、酿成质量事故后，给后续处理造成巨大的隐性成本是多少。“品质效应”是有时间价值的，需要有长远的眼光。一个优质的产品不仅能够为企业赢得市场的认可，更能够为企业带来长远的经济效益和社会效益。因此，企业的领导者应该具备长远的眼光，将质量管理放在企业发展的战略高度，从源头上确保产品质量的稳定和提升。只有这样，企业才能在激烈的市场竞争中立于不败之地。

培养质量意识，关键是要树立质量“零缺陷”概念。质量“零缺陷”是质量管理中的经典理论。树立质量“零缺陷”标准，那就要杜绝“差不多就行”“别人都是这样做”等类似观念，践行“零缺陷”标准的核心，就是“第一次就把事情做对”。有数据表明，许多公司常将相当于总营业额的15%到20%的费用在检测、变更设计、维修保养、售后服务、不合格产品处理等与质量有关的成本上，所以真正浪费的原因是没有在源头抓需求，而是退居后端抓“服务”和“救火”。如果我们第一次就把事情做对，那些浪费在补救工作上的时间、金钱和精力就可以避免。树立“第一次就把事情做对”的质量观，就自然会在心中建立一个零缺陷的标准，有了这个标准，就会自觉地去搞清楚要求，就会自觉想方设法地去策划和预防，产品就会一次做好。

如何“第一次就把事情做对”？据调查分析，对于出现质量问题的环节上看，设计、工艺、生产环节出现质量问题的概率大约为1∶2∶7，生产环节出现质量问题的比重远远大于设计和工艺环节，但要是从出现质量问题的原因上去看，恰恰相反，设计、工艺、生产环节出现质量问题的概率大约为7∶2∶1，产品质量问题大多数与设计环节有很大的关系，而设计恰恰是一条生产线的源头。作为施工管理方，我们无法直接参与到设计中去，那我们首先要重视与设计院在出图阶段的对接，与设计单位充分沟通、充分领会其设计意图，在必要的环节做好深化设计、优化、变更，再抓好设计交底、图纸会审工作，对图纸的每一个细节进行充分研究，确保施工过程中的每一个环节都能够准确无误地按照设计要求进行。只有这样，我们才能够为后续施工质量的保障打下坚实的基础。

工艺选择方面，要重视方案编制，选择适当的施工工艺、规划最优的工序衔接。对于常规的工序，要选择先进的、成熟的工艺，对于难点、痛点工序，要在科研攻关、设备研发上有必要的投入；工序衔接方面，对施工质量的影响也是至关重要，例如土方开挖与支撑架设的工序衔接，如果衔接不畅，很容易造成围护结构水平位移超限从而导致净空侵限，甚至出现险情，产生安全问题；又例如主体结构混凝土浇筑过程中，如若与混凝土供应商沟通不畅，供料不及时，将会产生混凝土冷缝，造成结构整体性差，产生难以根治的渗漏水问题。这些问题虽然老生常谈，但都是源头问题，也是施工中最容易出现的问题，如若不能够提前策划，抓好落实，实体质量就很难得到保证。

因此，只有抓好质量管理的源头，提升质量意识，重视技术管理，选好协作队伍，将质量控制、质量提升上升到战略的高度，使其贯穿于企业的每一个生产环节和业务流程中，才能杜绝差不多就好的旧观念，真正贯彻“零缺陷”的理念，这种理念不仅是对产品质量的极致追求，更是对企业信誉和客户满意度的有力保障。

4. 实现路径

大功成于精细，城市轨道交通工程精细化管理的最主要目标是打造高品质工程，因此，要将精细化管理的主要精力和资源投入到提高工程质量上来。质量精细化管理，就是摒弃过去传统的粗放式管理方法，将具体、明确的量化标准渗透到质量管理的各个环节之中的管理模式，其最基本的特征就是精细化管理“重意识、重过程、重细节、重质效”特征的延续，故人的意识缺乏是导致质量问题发生的根本原因，要抓好质量管理工作，必须增强人的质量意识，要牢铸“质量零缺陷”的思维，消除“差不多就好”的心理。所以总承包部要紧扣“质量管理的源头是培养质量意识”，不断突出质量意识在质量精细化管理中的关键作用，通过“加强培训、严规制度、规范操作”的行为训练，树立“认真履职、关注细节、坚持不懈”的职业态度，最终实现提升质量意识到自觉质量行为的质的转变。

6.1.2 管理目标

技术是推动发展的有力手段，而质量则是追求的终极目标。技术质量精细化管理，正是以这种理念为基石，将技术手段与质量管理紧密结合，以实现质量目标的落地生根。在此过程中，既要坚守传统的“三个百分百”等结果目标导向，确保每一项工作都能达到预期效果，又要以质量创优为抓手，积极寻求质量提升的新途径，展现企业在质量管理方面的决心与行动。同时，我们更应注重对质量过程管理不断完善、纠偏，确保质量管理体系运转合理、流畅，确保目标分解明晰，将管理重点放在深入探究质量问题发生的原因和解决措施上。精细化质量管理目标如下：

(1) 坚决杜绝质量等级事故，努力减少质量通病，力创客户满意工程。

(2) 不断纠偏质量管理体系，确保质量管理体系运行流畅。

(3) 分项工程一次检查合格率 100%；分部工程一次验收合格率 100%；单位工程验交合格率 100%。

(4) 确保市级、省级优质工程奖，争创“国家优质工程奖”。

6.2 明晰职责

1. 抓规则、抓意识

总承包部应坚持“领导重视、全员参与、责任到位、策划先行、源头把关、过程控制、技术保障、阶段考核、持续改进、用户满意”的质量工作原则，建立健全工程质量管理体系，制定管理规则，重点审批、审查工区项目部的质量管理体系建立情况，建立检查、考核、奖惩、调岗、调离本项目等奖惩机制，不断培育管理及作业人员的质量思维、意识。

2. 抓培训、抓落实

工区项目部应牢固树立质量意识，根据总承包部的要求，完善各自质量管理体系和规章制度，明确岗位职责，把控相关人员的准入，对全体管理人员的质量职责、知识、能力进行培训、教育与考核，不断提高工程质量水平，有效履行质量管理职能，为用户提供满意服务。

6.3 行为管控

产品质量是工作质量的输出，工作质量是人工作习惯的输出，工作习惯是组织文化和质量管理文化的输出。在管理工作中，人既是实施管理的主体，又是执行各项制度和操作规程的主体，是构成管理工作中首要和决定性的因素。人的意识缺乏是导致问题发生的根本原因，人的意识隐患是最大的隐患，要抓好质量管理工作，必须提高人的质量意识，消除人麻痹大意的心理。因此，只有抓好质量管理的源头，提升质量意识，重视技术管理，将质量控制、质量提升上升到战略的高度，才能杜绝差不多就好的旧观念，真正贯彻“零缺陷”的理念。

6.3.1 总承包部层面

从战略层面去解决质量精细化管理的源头问题，不是不断纠正人的不正确行为，而是不断提高全员质量意识，养成良好的质量行为习惯。在战术层面建立与精细化质量管理相匹配的制度办法，是如何实现质量成优的重要途径。通过推行“精控图纸和方案、精控工料机、精控施工交底、质量措施标准化、动态纠偏刚性化、难点攻坚信息化、对标对表常态化”的“三精四化”质量管理体系，能够有效实现项目自身科学组织和客户满意度价值共创的质量精细化管理目标。

1. “三精”管理控源头

(1) 精控图纸方案

1) 建立内部专家制度

为切实体现各参建单位后方公司在工程风险管控、技术重难点解决方案等方面的支撑职能，充分发挥内部专家在项目管理中的指导作用，应组织协调各参建单位、参建工区的技术骨干，形成内部专家组，负责参与项目重难点和重大风险工程施工方案、施工工艺及设计变更咨询、论证和内部审查、参与项目重大科研课题研究、参与突发事件应急处置、评估及事故调查、参与项目技术管理、培训及相关学术研讨、交流与合作。

2) 重视深化设计

深化设计管理目标是确保方案在满足可靠性、耐久性和安全性的前提条件下，力求通过提升功能（比如缩短施工方案工期或提高施工方案安全性）和降低成本的途径，实现施工图设计和施工方案的价值最优。为了实现此管理目标，可以构建“准备阶段→分析与改进阶段→实施与评价阶段”的三阶段施工设计深化管理体系（图 6-2）。

在施工设计深化的准备阶段，可以成立价值工程管理领导小组，主持相关施工设计深化工作，由其主导施工图设计和施工方案的优化与变更，并在相关分部分项工程开工前完成对应内容。

项目进场时，应组织各参建单位深度研究招标文件、工程地质、水文地质及施工图纸，组织进行现场踏勘，召开研讨会，积极沟通相关设计单位、建设单位总工办、相关产权单位等，充分了解设计意图，对图纸中实施难度大、可能影响现场工序衔接、设计图纸

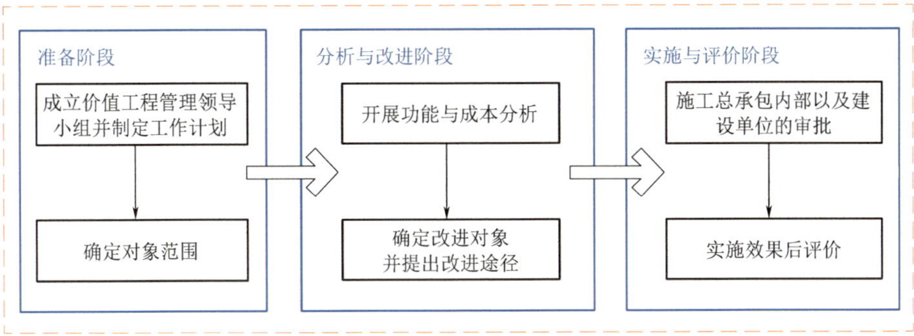

图 6-2 城市轨道交通工程项目施工总承包管理的施工设计深化管理体系

深度不足可能导致的技术质量问题等情况进行梳理，会同内部技术力量召开专家会，对设计方案进行深化设计，力求最终施工图达到易组织、便实施、技术质量风险低等效果，为实现质量精细化管理创造先决条件。

3）运用精益化管理理念，做好方案优化

充分发挥科技研发及内外部专家在质量管控中的重要作用，成立科技攻关小组、方案编制组，对施工难题进行科技攻关，对重要技术方案实施“统一策划、集中编制、审批、专家论证”过程中对方案的可操作性、安全性、经济性等方面进行集中研讨。寻求最优方案，实现工、料、机等资源精准投入，力求施工组织最佳，实施方案合理。

（2）精控工、料、机

1）严把门槛，引入“四有”协作团队

协作团队对工程质量起着极为重要的作用，为保证引进的协作团队的优质性，要按照有能力、有实力、有业绩、有诚信的“四有”原则（见 3.2.4 节）选择协作团队，为施工生产的有序推进提供坚实的履约基础。这些团队不仅能够在技术和管理上给予我们有力支持，还能够在合作中相互信任、相互支持，共同实现工程质量和效益的最大化。

①分包单位管理

随着建筑市场的开放，工程建设规模不断扩大，分包队伍已经成为建筑市场的主力军。但受文化水平和地域范围的影响，分包单位的技术水平和基本素质参差不齐，管理落后，给施工总承包企业管理带来很多压力，因此总承包单位选择合适的分包单位成为必然的趋势。

根据多年分包管理的经验，对于施工总承包项目，在选择分包单位时应坚持“四有”原则：有能力、有实力、有业绩、有诚信。当然分包单位的选择还应遵循三条基本原则：第一，选择有相应分包项目资质的单位，总承包部应对分包单位的资质及有关证书等进行核查；第二，选择技术能力较强且符合工程要求的单位，分包单位的技术等级应符合工程要求，并在其规定的资质范围内施工；第三，不允许分包单位将承包项目再分包（除专业工程外）。

对于已确定的分包单位，应立即与其签订质量管理协议书。分包单位的质量管理须纳入总承包部及各工区项目部的质量管理体系，总承包部及各工区项目部需选配专门人员监督分包单位履行分包合同中的相关内容，严格执行质量检验、试验、验收制度和考核奖罚制度。各分包单位拟进场的管理人员必须要有本单位六个月以上的社保缴纳证明，这为施工生产的有序推进提供了坚实的履约基础。此外，各分包单位进场时，总承包部及各工区项目部需组织对其进行质量意识教育，并组织进行施工技术交底。

②劳务队伍人员管理

随着建筑施工企业的生产规模增大，企业的人力资源相对短缺，使用社会劳动力资源是企业的必然选择。因此企业使用的劳务队伍数量也在不断增多，然而这也使得企业和劳务队伍之间的关系越来越复杂。劳务队伍的管理的好坏直接关系到企业的工期进度、安全质量等重要指标，所以选择合适的劳务队伍是十分必要的。一支合适的劳务队伍必须符合下列条件：

a. 有完成类似代表工程的质量、安全评定资料或从事过类似工程项目的施工经验和业绩证明；

b. 有为承担工程项目所需的设备及资金能力；

c. 有企业法人营业执照、资质证书和健全的组织体系；

d. 有长期相对固定的施工人员，关键岗位从业人员有职称证或资格证。

对于劳务队伍而言，其质量管理同样也须纳入总承包部及各工区项目部的质量管理体系。劳务队伍人员必须服从总承包部及各工区项目部的总体安排，按总承包部及各工区项目部批准的工期、施工技术方案、质量要求、安全措施进行施工，施工过程中工程质量要处于受控状态。

③质量人员管理

为认真贯彻国家工程质量管理条例，落实各项技术质量保证措施，确保工程质量符合国家现行有关施工质量验收规范合格标准，需设置质量管理部门，足额配备符合条件的专职质量管理人员。根据项目质量管理需要，按照质量组织机构设置和定员，综合管理部应会同技术质量部审查管理人员任职资格，将质量管理业绩作为人员考核内容。

在轨道交通工程项目中可以实行工程质量责任追究制和终身责任制，各工区项目部应将质量岗位责任制上墙，对质量管理人员责任进行详细登记，并对质量管理人员履职能力进行考核登记，报备总承包部。同时，各级管理人员按分解的职责须对施工的工程质量负终身责任，总承包部及与各工区项目部、各工区项目部内部均应签订“质量责任状（书）”，明确各级、各岗位人员质量管理责任。

2）把好实体质量源头关，规范成品、半成品及材料进场检验

材料、工艺、设备的选择对工程的质量有着重要的影响，总承包部应对原材料检测及验收保持高压管控态势，要求工区试验负责人全程跟踪原材料、工艺试验检测，针对出现送检试件、试块、原材等检测不合格情况，根据质量相关制度进行处罚。严格工程设备的选择及进场审批，杜绝淘汰的、不符合标准的、不合格的设备进场及投入使用，确保不出现因设备问题导致的半成品、成品质量问题。

①实施规范的材料进场检验流程

坚持规范的材料进场检验制度，确保原材料、半成品使用前符合技术规范等质量要求。施工中所用的材料均应具有相应的出厂合格证及质量保证书，同时须按规范要求进行抽检试验，检验合格后才用于工程施工。对经检验达不到设计要求的原材料根据具体情况采取退货处理，对不合格原材料出现频次较高的供应商约谈、罚款等处理，对于长期不按要求整改的供应商进行清退、纳入黑名单。材料进场检验的具体流程如图 6-3 所示。

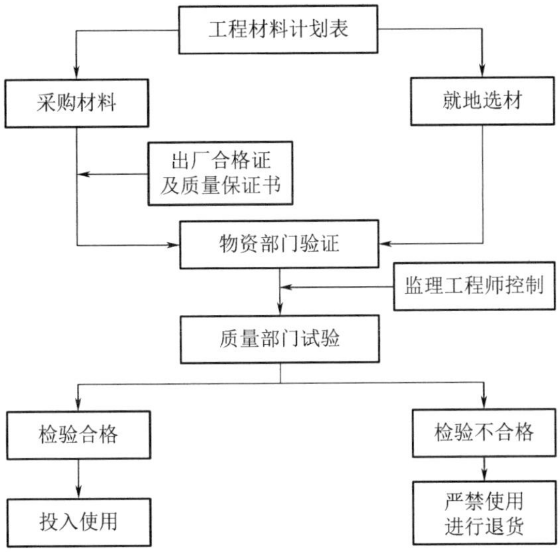

图 6-3　材料进场检验流程

②原材料与半成品控制

材料取样、试验和检测频率应符合国家有关规范、规程等规定，所有的取样应在工程监理单位见证下进行，现场试验和检测应在监理单位在场的情况下进行。所有在合同中已明确指明或规定必须进行检测的全部材料在经过检验并获得监理单位批准以前，不得用于本工程。

加大进场混凝土检查力度，严格检查进场混凝土配合比、使用部位、与批复配合比的一致性，检测进场混凝土拌合物性能，不符合现场施工需求的要坚决退场处理，避免影响实体质量。

定期联合组织项目部物资人员、试验专监、质检人员对商混站进行过程监督及检查，重点关注原材料质量、供货情况、质检人员配置、生产过程管控等方面，汇总检查意见并以联系函方式发送至商品混凝土站进行整改。

③不合格品处置

严格落实原材料进场见证取样、送样制度，对于检测不合格的原材料及相关材料做好监理单位见证退场记录并留存影像资料，进行备案归档。

做好现场钢筋加工（尤其是机械连接、焊接）抽检力度，对于检测不合格的半成品要求现场班组返工处理，直至合格后进行下一步施工。

严禁进场原材料未检先用，加强过程管控，避免使用不合格材料用于工程实体。落实不合格品上报制度，对于过程中出现的不合格材料和半成品，要及时上报分管领导进行处理，对供应商或加工操作工人可采取行为记录黑名单，重点关注抽检，若再次出现同类问题，可上报领导做清除处理。

④供应商产品质量管理

a. 商品混凝土质量管理

商品混凝土是指预先拌好的质量合格的混凝土拌合物，以商品的形式出售给施工单位，并运到施工现场进行浇筑的混凝土拌合物。利用商品混凝土可以提高生产效率，缩短施工周期，改善施工现场作业环境，但由于其在交货时是塑性、流动状的半成品。在所有权发生转变后，还需要使用方继续履行一定的质量义务，才能达到最终的设计要求，因此需要从人员管理、材料管理和检查验收三个方面开展商品混凝土的质量管理。

在人员管理方面，商品混凝土站试验室等关键技术质量管控部门人员不可频繁更换，若需更换人员，须及时与总承包部及工区项目部沟通、报备；商品混凝土站须确保车辆及人员配备并合理调配，保障混凝土运输效率，避免混凝土到场时间滞后、间隔过长等现象发生；商品混凝土站须加强人员教育，对于进入施工现场“三违”人员予以严肃处理，并建立良好的沟通机制，针对混凝土生产、运输、使用等过程加强沟通管理。

在材料管理方面，商品混凝土站须严控混凝土原材料质量，完善混凝土生产工艺，加强过程质量管控，确保混凝土质量的稳定，同时做好高温季节混凝土降温等措施，进一步提高混凝土生产质量。

在检查验收方面，各工区项目部须不定期对商品混凝土站进行检查，下发整改通知单，同时开展季度产品质量检查，形成季度通报，上报技术质量部。技术质量部将混凝土生产质量及商品混凝土站的服务质量进行阶段性总结，加强混凝土供应商履约能力及信誉的评价，并根据情况适时向建设单位通报。

b. 盾构管片生产质量管理

盾构法施工目前在国内已经日趋成熟，而管片生产是盾构中必不可少的一部分，管片自生产成型往往会出现较多质量问题，如管片环面出现裂缝和破损、防水材料脱落、螺栓连接不牢固等。盾构管片的质量会影响隧道的防水性能及耐久性能，并直接关系到城市轨道交通建设的整体质量和安全。因此，在城市轨道交通建设中应注重对盾构管片的生产环境和生产工艺的管理。

管片厂在正式投产前，须经工区组织的建设单位方、监理方、总承包部及工区项目部验收合格。未经验收或验收不合格，严禁其生产的管片供应。此外，管片厂还应建立健全质量保证体系，具备完整的质量控制和质量检验制度。总之，管片的生产、运输和堆放应严格遵守工程所在地的相关规定。

管片蒸养的温差梯度需保持均匀，蒸养时间要与生产方案相匹配，蒸养能力与生产线相匹配，水养池容量应满足管片养护时间不少于 16 天的要求；加强管片养护管理，确保同批次管片水养时间相同，水位线高度需浸没管片，避免浸水色差的产生。水养池中的水 pH 值宜控制在中性；混凝土拌合机需具有计量单位鉴定或校准记录合格证书，骨料仓必须设置遮阳防雨棚，且满足大气污染防治相关要求，并根据材料的种类、规格不同，分仓堆放并有醒目的材料标示。

除此之外，混凝土管片在各项运输环节中都需设专人负责盯控，避免管片转运环节发生破损，若管片存在缺陷需要修补时，应派专人负责，修补的材料、工艺应与生产方案相匹配。

为保证管片生产质量，在大规模正式生产前，需对试制模型进行现场测试，以此发现潜在问题并采取相应的措施进行改进和优化。符合试生产条件的，方可组织试生产。各工区项目部应对试生产期间管片的混凝土抗压强度、外观质量、尺寸偏差、水平拼装、检漏试验、抗弯性能、抗拔性能等方面进行检验，检验合格后方可进行正式生产。

在成品管片进场使用前，各工区项目部与监理方须对进入施工现场的管片进行联合验收，对验收不合格的管片退货清场，严格执行管片质量验收程序，杜绝不合格管片的使用。必要时还应对管片表面洒水验收。

检测中心、监理、总承包部、工区项目部须对管片生产实行全过程质量监管，在驻厂管理制度和采购合同中应当明确管片生产全过程出现质量问题的处罚措施。

3）保障工艺、工效，严控机械设备选型

设备的优劣对工艺质量及工效的影响至关重要，其范围小至钢筋加工机械，大至地连墙成槽机、盾构机等。要对关键机械设备的选型设定统一标准及管理流程，例如钢筋加工原则上尽量选用数控的加工机床，确实不具备条件的，应尽量使用金属带锯机床进行切割，确保钢筋丝头质量。盾构设备选型方面，在使用旧盾构机时，要求在进场组装前委托第三方专业机构对盾构机刀盘、驱动、中心回转节、盾体、推进系统等机械部位进行勘验，勘验结果将与设计参数/标准进行对比，最终结果出具盾构机勘验报告，盾构机厂家将根据第三方出具的盾构机勘验报告进行问题整改，经各方验收通过后方可投入使用。

（3）精控施工交底

施工交底作为项目施工过程中的关键环节，必须得到足够的重视和精细化的操作。其中，技术交底与实物交底两大环节更是重中之重，它们相互补充，共同确保施工过程的顺利进行和工程质量的稳定可靠。技术交底环节，应制定技术交底样本，对复杂工序、难点工序推行可视化交底，要求技术交底规范、有效，交底内容通俗易懂，图文并茂，交底对象覆盖全面，切实保证技术交底效果。

实物交底环节，严格践行样板引路，推行实物交底，明确施工技术标准，指导相关工序施工，要求各工点在重要工序施工前编制作业指导书展板及样板件放置于施工作业现场。

2.“四化”管理促提升

（1）质量措施标准化

城市轨道交通工程是一项实践性、技术性、综合性、复杂性较强的工程，它涵盖了多个领域的知识与技术，从设计到施工，再到后期的维护，每一个环节都紧密相连，不容有失。这样的特性决定了其在施工过程中，每个阶段都需要有针对性的重点控制工作，要不断对各工序进行总结、归纳、收集，制定质量通病防治措施及施工质量控制要点及图样手册，明确每种通病产生的现象、规范中的相关规定，对问题原因进行分析，提出明确的防治措施，用以指导各道工序施工，形成质量措施标准化。

（2）动态纠偏刚性化

1）建立高频次的检查制度

建立技术质量检查制度及盾构质量安全专项检查制度，以每月不少于 8 次的频率对各工区进行技术质量检查、每天 1 次的频率对各盾构隧道进行专项检查，对存在问题及时下发整改通知单，检查结果形成每月通报并纳入业务考核及专项考核。通过检查、考核、督促整改落实情况等管控方式，提升各工区项目部对标学习意识，促使其逐步完善各项技术质量工作。

2）不断修订质量管理体系

质量管理体系运行情况是质量管理的核心内容，每一套管理体系在运用到不同的项目上时，总是需要根据项目的实际情况进行更新、迭代。总承包部每月编制及发布技术质量管理体系运行报告，对各工区技术质量管理存在的问题进行总结、点评及通报，并对后续一个月需要改进的地方进行提醒，对质量管理体系的运行情况进行实时监控，不断纠偏、修正，确保体系在正确的轨道上运行。

（3）难点攻坚信息化

数字化、智能化、信息化是未来土木工程行业发展的大趋势，它们不仅代表着技术的革新，更是行业进步的强大动力。对于城市轨道交通行业而言，这些趋势更是引领其发展的方向，是推动行业升级换代的关键所在。当前，随着科技的日新月异，城市轨道交通行业正积极拥抱数字化、智能化和信息化，力求在施工中实现更高的效率和更好的质量。通过加大科技投入，不断推动信息化技术与建筑工程施工的深度融合，我们可以有效解决施工过程中遇到的各种难题和挑战。

BIM 技术的应用不仅仅有效控制了成本和进度，在提高施工质量方面也贡献了极大的力量。城市轨道交通工程中的地铁车站施工亦是如此，如在异形车站的主体结构施工时，对于梁柱交接、腋角等车站复杂节点，在变宽段的底板、侧墙非直线钢筋排布等方面，利用 BIM 完成钢筋三维布置，精准设计钢筋线型及下料长度，能够有效解决钢筋过密产生碰撞的问题，既保证了复杂节点处的施工质量，又避免了钢筋的不必要浪费。

在盾构下穿敏感建（构）筑物时，建立下穿敏感建（构）筑物三维数值仿真模型，探究盾构开挖对地层扰动及建（构）筑物受力与位移变化规律和不同掘进参数下盾构开挖对自稳性差地层扰动及建（构）筑物差异沉降与变形规律，评估建（构）筑物的保护措施，进而优化穿越方案，精准控制盾构参数，确保工程质量。

（4）对标对表常态化

定期组织对技术质量管理成功经验、典型示范工点进行现场对标学习，定期召开技术质量交流会，组织各工区项目部对标对表，相互学习优秀做法，实现协同传播效应，能够有效提升各工区项目部的技术质量管控意识，实现了单个项目上项目技术质量管理体系的持续改进以及技术质量管理水平的不断提升。

同时，总承包部组织各所辖在建线路的技术质量管理部门定期进行质量交流，将运转良好的管理体系繁殖到各所辖项目上，实现了多个项目的项目群质量管理体系和质量管理水平的螺旋式循环上升，不断推动质量管理体系的更新与升级，确保每个项目都能达到更高的质量管理标准，体现了不断追求卓越、持续改进的过程。

3. 发挥龙头作用，统筹验收管理

总承包部统筹组织各工区项目部开展全面而细致的质量验收，在子单位工程验收前进行施工现场、内业资料预检查，确保施工质量符合相关标准和规范，逐项梳理存在问题，编制问题清单台账，督促问题限时整改，确保各项工作在预验收前达到验收标准。同时积极配合业主，与监理单位、设计单位、勘察单位、质监站沟通，统一协调验收时间、方案，对同时具备验收条件的工点集中验收，确保验收高效、过程流畅。

工程质量验收应当按检验批、分项工程、分部（子分部）工程、单位（子单位）工程、项目工程的顺序进行。

坚持验收规范和标准的原则：验收规范和标准是评价工程质量的标尺，各层次验收必须满足国家、省、市相关验收规范、标准和规定的要求。

一般情况下，城市轨道交通工程单位（子单位）、分部工程划分如表 6-1 所示。

单位（子单位）、分部工程划分表　　表 6-1

单位工程	子单位工程	分部工程	子分部工程
车站工程	主体土建工程	支护与基础工程	支护工程
			土方工程
		接地网工程	接地网工程
		防水工程	防水工程
		主体结构	混凝土工程
	每个附属土建工程	出入口或风亭组	土方工程
			支护工程
			防水工程
			主体结构
	车站设备安装工程（含临近半区间）	通风空调系统	送、排风系统
			防、排烟系统
			空调风系统
			制冷系统
			空调水系统
		给排水及消防系统	站内给水系统
			站内排水系统
			站内热水供应系统
			卫生器具安装
			区间给水系统
			区间排水系统
			消防水系统
		建筑电气工程	低压配电及动力照明
			电气动力安装
			电气照明安装
			防雷及接地安装
	车站装饰装修工程	公共区建筑装饰装修工程	地面工程
			抹灰工程
			外墙防水
			门窗工程
			吊顶工程
			轻质隔墙工程
			墙面及柱面工程
			幕墙工程
			涂饰工程
			细部工程
			标志工程

续表

单位工程	子单位工程	分部工程	子分部工程
车站工程	车站装饰装修工程	设备区建筑装饰装修工程	楼、地面工程
			抹灰工程
			门窗工程
			吊顶工程
			轻质隔墙工程
			饰面板(砖)工程
			涂饰工程
			细部工程
			厕所、浴间防水工程
			混凝土结构工程
			砌体结构工程
		四小件	钢结构
			屋面
			抹灰、幕墙
			地面
		室外环境	室外环境
区间	明挖区间	支护与基础工程	支护工程
			土方工程
		接地网工程	接地网工程
		防水工程	防水工程
		主体结构	混凝土工程
	盾构区间	洞门工程	洞门工程
		管片制作	管片制作
		盾构掘进与管片拼装	盾构掘进与管片拼装
		联络通道及泵房	联络通道及泵房

6.3.2 工区项目部层面

1. 践行“样板引路”，树立质量标准

重要工序实施作业指导书制度，明确技术标准，每一分项分部工程施工前，依照施工方案和有关规范、标准，优先实施样板工程，经业主、监理、总承包部联合验收后，再将样板工程引入实体工程中，从而确保工程实体质量，为工程创优打好基础。

对于需要首件验收的项目（表 6-2），各工区项目实施统一的首件验收程序（图 6-4）。

2. 紧盯关键工序，注重工序转换

工序组织包含工序的顺序衔接（例如钢筋绑扎→模板安装→混凝土浇筑等工序的交接）以及工序交叉施工（例如格构柱、降水井、冠梁、混凝土支撑的交叉施工、土方开挖与钢支撑架设的交叉施工等），为了保证工程质量，控制工序间的质量盲点，需要将对工程质量影响显著、前后工序相互间影响较大的重要工序交接要点进行梳理，理顺工序之间的相互关系，达到确保施工流畅、节约施工工期、提升工程质量的目的。

首件验收项目表　　表 6-2

子单位工程	分部工程	（子分部）工程	验收项目
明挖车站及区间主体结构	基坑围护结构、地基处理	—	第一幅连续墙钢筋笼加工制作
	地下防水工程	—	第一施工段（底板、侧墙、顶板）的防水施工
	主体结构工程	—	第一施工段主体结构的底板、梁、中板、柱、墙、顶板钢筋安装绑扎及混凝土浇筑、混凝土后浇带
暗挖隧道	联络通道	通道	通道拱架制作、拼装
		防水层	第一施工段防水层（初期支护）
		开挖支护	拱架制作拼装
		二次衬砌	第一施工段二次衬砌钢筋绑扎、安装
盾构隧道	盾构主体	管片预制	管片预制试拼
		掘进和安装管片	前一百环盾构掘进施工总结
机电工程	—	—	支架和管道线路敷设

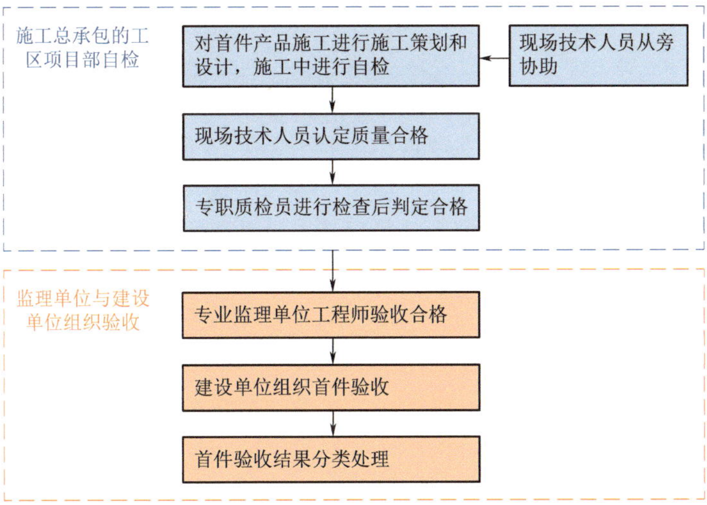

图 6-4　首件验收程序

首先是不打折扣地落实“三检”制度，加强过程控制、完善报验程序，必要时实行“四检”制度，即对重要工序，或过程中发现某一工点质量问题出现频率较高的工序，必须通过总承包部技术质量部验收后，方可进行下一道工序。

其次要重点关注交叉施工的工序衔接，加强与各劳务队伍、供应商之间的沟通协调，如土方开挖与钢支撑架设的衔接、防水与土建的衔接，若土方开挖与钢支撑架设衔接不当，极有可能引起围护结构的变形，轻则基坑净空不足，影响混凝土喷锚的厚度、平整度以及主体结构的侧墙钢筋绑扎和墙厚；重则引起抢险事件甚至引发安全事故，质量更难以得到保障。

3. 坚持标本兼治，狠抓质量隐患排查整治

要求各工区项目部必须时刻保持警惕，长期落实质量隐患排查工作，确保工程质量的稳定与可靠。在日常工作中，项目部要严格执行现场施工质量管控措施，对每一个施工环节进行严密把关，确保施工质量符合规范要求。同时，对于隐蔽工程，项目部要特别加强验收工作，确保隐蔽部位的质量问题得到及时发现和处理。同时还应制定项目经理牵头参加的每周质量例会及隐患分析会制度，主要分析质量管理体系的运行情况，解决重大质量问题，减少质量通病发生频次，制定预防措施。加强对隐蔽工程及关键部位的检查验收工作，应做到以下几点：

（1）隐蔽工程及关键部位检查验收是施工过程质量控制的关键。各级技术、质检人员必须相互配合。

（2）凡施工过程中的隐蔽工程及关键部位，如各类工程钢筋布置和防水层；预应力钢筋混凝土梁支座落位；混凝土工程预埋件等，必须按规定进行检查，做好质量记录。

（3）隐蔽工程及关键部位检查应及时，逐级检查合格后方可进行下道工序施工。

（4）隐蔽工程、关键部位检查签证，除执行国家、行业有关标准规定外，还应执行建设单位的有关规定。

（5）隐蔽工程未经质量检查人员签认而自行覆盖的，应进行补验，并视情节追加处罚。

6.4 创优评奖

近年来，为鼓励项目各参与方在项目建设各个环节（策划、管理、设计、施工）中铸造精品工程，国家行业主管部门为促进工程项目管理质量及工程实体质量的提升，先后创立了多个具有高度权威性和广泛影响力的奖项，以表彰那些在工程项目中表现出色的单位和个人，其中中国建筑工程鲁班奖、国家优质工程金质奖和银质奖、中国土木工程詹天佑奖等代表了国家行业内的最高奖项。各省市行业主管部门亦设立了各自的奖项，如江苏省“扬子杯”、广东省“金匠奖”等。若以创省部级优质工程奖甚至国家行业级奖项作为目标，将各评奖条件中关于工程技术，质量、安全管理的要求落于实处，必将能够大幅提升工程管理水平及工程实体质量，在施工过程中做到节能、减排、环保，从而持续培养工程管理、技术人才，提高企业的核心竞争力，使企业能够可持续发展。

6.4.1 创优评奖的价值

全面开展工程创优工作，不仅有助于提升工程实体质量水平，还有助于推动企业高质量持续发展。工程创优工作在企业工作中占据重要地位，铸造精品工程、树立行业品牌既是企业提升工程质量的关键途径，是彰显企业施工管理水平的重要手段，是最能体现企业施工水平和管理水平的活动之一，也是企业争取市场份额、拓展经营的有效策略。

树品牌：获得国家优质工程奖，说明企业的工程管理水平、技术工艺水平、科技创新能力、成果转化能力很强，通过创优质工程，能极大地提高企业的知名度、广誉度，在激烈的市场竞争中，树立企业品牌形象、提高企业社会评价。这不仅有助于企业在市场中脱颖而出，更能为企业的长远发展奠定坚实基础。

立标杆：通过由结果评奖向过程创优的转变，企业能够分解落实项目创优策划，实现工序标准化、过程精品化。这样的转变能够增强项目全员的质量意识，提升员工的专业素养和技能水平。同时，通过创优工作，企业能够培养出一批批优秀的工程管理和技术人才，为企业的可持续发展提供有力支撑。

拓市场：在招标评标活动中，优质工程奖项已成为投标申请人业绩分的重要加分项。越来越多的省份在评分标准中明确了对国家级、省级、市级等优质工程的加分奖励。因此，通过工程创优工作，企业能够提升自身在市场中的竞争力，赢得更多客户的青睐和信任。

6.4.2　设置工程创优组织机构

工程创优组织机构的组建应依托项目整体的组织结构设计。例如，在纵向管理上，总承包部可以成立由总经理担任组长、总工程师、安全总监及总经济师担任副组长、项目总承包部各部门负责人及各工区项目经理为组员的创优领导小组，负责制定总体创优策划并组织实施，协调处理各项创优过程中存在的问题，总结交流创优经验，定期召开创优工作专题会议等事宜。在横向管理上，各工区项目部可以建立创优工作小组，安排专人负责本工区的创优事务，负责编制各自的创优规划，制定具体的创优措施，并落实相关内容。

6.4.3　规划工程创优实施路径

1. 省市级优质工程奖实现路径的统筹工作

省市级优质工程奖应由总承包部和各工区项目共同协调申报，各项资料的准备、专家过程检查等工作，由各工区项目部根据各自工程进展独立进行，总承包部在过程中进行督导检查。

2. 国家级优质工程奖实现路径的统筹工作

国家级优质工程奖应联合建设单位、设计单位、施工单位共同向中国施工企业管理协会申报，需积极推动建设单位形成相关会议纪要，明确参建各方责任，特别应对设计相关奖项申报进行约定。

3. 各类奖项创优路径

如图 6-5 所示，为实现质量类创优目标，可以按照以下两条路径开展：

（1）轨道交通建设工程市级标准化文明示范工地或省级建筑施工安全生产标准化星级工地→市级优质工程奖→省级优质工程奖→国家优质工程奖；

（2）企业优质工程奖→国家优质工程奖。

在申报国家优质工程奖以前，按两条路径同时准备，视情况确定最后申报路径。

为实现安全文明类创优目标，可以按照以下路径开展：市级“智慧”工地→市级“差别化”管理工地→轨道交通建设工程市级标准化文明示范工地→省级建筑施工安全生产标准化星级工地。

6.4.4　综合施策，激励成优

（1）为进一步提升项目创优成效，最终建成高质量、高标准的优质工程，总承包部首先应编制工程创优管理办法及创优策划，确立安全文明环保类、科技研发类和工程质量创

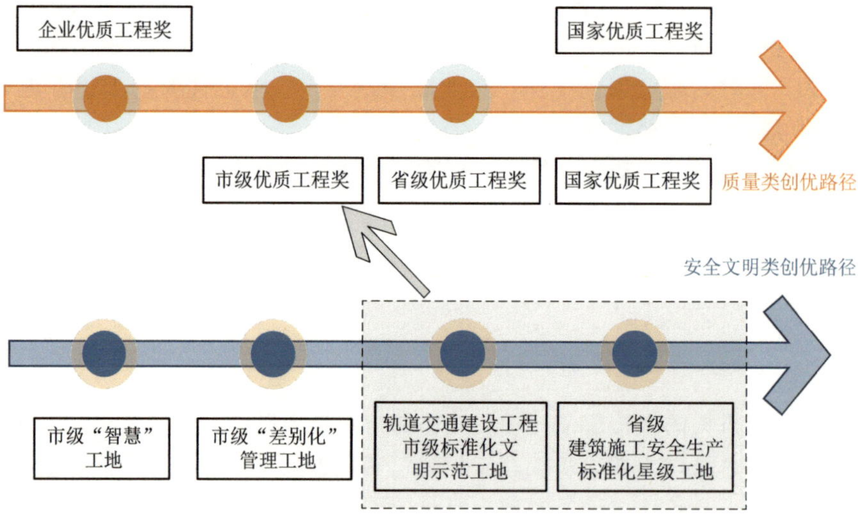

图 6-5　工程创优路径

优目标，建立创优组织机构，明确创优职责分工，梳理各奖项申报流程，规划月度工作节点，以认真负责的态度、扎实细致的工作方式、赏罚分明的奖惩手段，激励团队成员将创优工作做实做细，决心质量成优。

（2）设立考核基金、预留基金和使用基金，保障创优工作过程可控，是至关重要的环节。

1）考核基金：建立业务考核、专项考核的基础制度（可增设实体工程质量奖，按照隐蔽工程质量得分+实体检测结果+外观质量得分进行权重分配），设立考核基金，有效激励各参建工区项目部质量成优积极性，通过对项目质量、创新、安全、环保等方面进行全面考核，评价团队的工作成果，确保项目创优目标的实现。

2）预留基金：总承包部根据项目具体情况预留每个工区项目部部分费用，用于科研、质量、安全创优的进展考核。预留基金分为科研创优保证金、安全创优保证金和质量创优保证金三个部分，预留的保证金根据进展情况按比例返还。目标不是要工区项目部的钱，而是要增强各工区按要求完成创优目标的源动力。

3）使用基金：由总承包部+各工区项目部共同出资，建立创优评奖使用基金，用于创优评奖过程中的各项费用支出。

（3）严格落实施工过程中的各项安全、质量管控措施，确保每一个环节都符合高标准、严要求；提升项目科技属性，通过引进新技术、新工艺，提高项目的科技含量和创新能力；举办质量观摩等创优活动，让参与者能够亲身感受到创优工作的实际成果，从而激发更多的积极性和创造力；做好素材采集，精心策划营销推广方案，充分利用各种媒体平台，如网络平台、宣传册等，将项目的优势和特点广泛传播，提高项目的知名度和影响力。

1）践行样板引路，制作工序作业指导展板、实体样板件放置施工现场，直观展示各类重要工序的质量标准，让工人们能够清楚地了解每个环节的施工要求和标准，有效地提升施工人员的质量意识和操作技能，确保施工质量的稳步提升。

2）加大科技创新力度。积极引入先进的施工技术、材料和设备，结合工程实际积极开展科技攻关，推动项目科技含量的提升。通过科技创新，不仅能够提高施工效率和质量，还能够为行业的发展贡献更多的智慧和力量。

3）举办各类质量观摩和创优活动。通过组织现场观摩、经验交流等活动，在激发项目团队的创优意识，提高整体质量水平的同时，还能够充分发挥优秀项目的示范作用，分享成功经验，充分发挥优秀项目的示范作用，进而推动行业的发展。

4）注重素材采集和宣传推广。积累各类优质素材，包括工艺操作实景、技术创新成果展示、实体质量展示等方面的资料，充分利用线上线下渠道，提升项目的知名度和影响力。

出
EXIT
往栖霞山
To QIXIASHAN
6号线
Line 6
往南京南站

第七章

市场维护管理——稳固市场地位，助力企业发展

项目型企业要如何确保自己能在激烈的市场竞争中“吃饱吃好”；在优质的产品及良好的行业口碑的基础上，如何充分发挥“神经末梢”的市场开发作用，进一步拓展自身市场开发能力，成为建筑企业破题的重点。

项目型企业如何能在激烈市场竞争中行稳致远、进而有为？建筑企业如何发挥项目管理机构的市场开发作用，建成优质产品、树立良好行业口碑、进一步拓展市场？这是建筑企业破题的重点。建筑企业市场开发体系一般包括，集团总部的市场部、投资部，事业部、平台公司、各子分公司，以及集团及各单位的区域总部、区域经营中心、办事处等机构。项目管理机构一般包括项目公司、总承包项目部、项目部等，与市场开发体系各司其职、通力协作，“以现场保市场”，以高质量履约促进滚动经营，为市场开发提供强力支撑（图 7-1）。项目管理机构要“干一个项目、立一面旗帜、交一方朋友、守一方市场”，一般不直接承担市场开发指标。

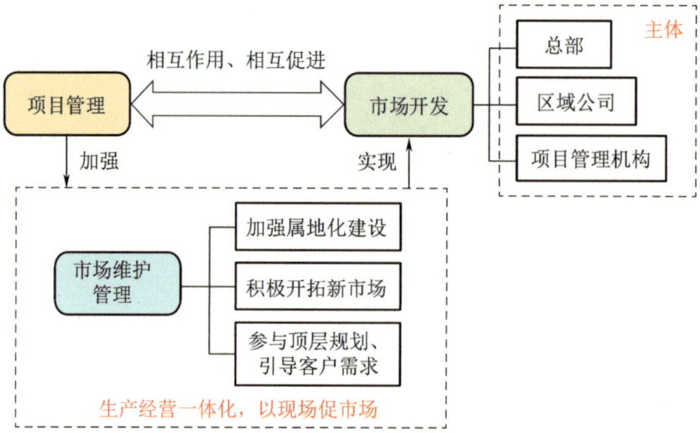

图 7-1　生产、经营的相互关系

7.1　项目管理机构承担的市场开发责任

7.1.1　项目管理与市场开发的关系

市场开发和项目管理是企业发展的两大基石，犹如车之两轮、鸟之双翼。市场开发为项目管理提供广阔天地，项目管理实现市场开发目标，二者相互作用和促进为企业可持续发展提供动力。从战略上看，市场开发是企业的龙头，是拓展业务、提升品牌美誉的重要工作，目标是挖掘商机、开拓市场、扩大市场份额。市场开发为项目管理创造先决条件；项目管理反映企业综合实力和管理水平，履约情况的优劣决定了企业的社会影响及知名度。高效项目管理为市场开发提供强大支撑，助推一次性的项目中标变成连续、滚动的过程，实现企业市场扩张和业务增长。

从资源配置上看，市场开发过程中，会不断收集和分析市场信息，整合企业资质、业绩、人员，集中企业优势资源策划中标项目。项目管理需要根据市场情况、项目特点和业主要求，合理调配人、材、物等资源，形成生产合力。市场开发与项目管理共同参与企业资源优化配置，通过良好协同实现企业内外部资源高效运行。从风险管理上看，市场开发要在充分调研和分析竞争对手策略后确定投标报价、编制提交标书，以工期、质量、成本的综合优势中标；项目管理通过制定施工计划和应急预案，及时识别风险隐患、迅速应对、有效化解。市场开发与项目管理在风险识别、评估和控制方面发挥重要作用，降低企业运营风险，提高企业稳健性。

7.1.2　建筑行业面临新的挑战

伴随着宏观环境的快速变化，工程建设行业进入深度调整，行业挑战和机遇并存，对建筑企业经营生产工作提出更高要求。

1. 市场迈入存量时代

根据国家统计局数据，2024 年建筑业总产值增长 3.9%，前三个季度新签合同额同比下降 4.74%。建筑业总产值增长低于同期 GDP，新签订单进入下降通道。目前，城镇化率已突破 67%，房地产预期并未反转、下行尚未见底，建筑行业发展放缓是必然趋势。

2. 项目陷入资金危机

在部分房地产企业暴雷、地方政府债务压力影响下，业主通过项目停工、延长审计流程或延期支付拉长付款账期的现象比较突出。根据中诚信国际统计的 80 家建筑企业发债数据，截至 2023 年三季度两金规模持续增长、对营运资金占用明显，两金占总资产比重超过 40%，两金增速高于营业收入增速，经营效率呈弱化趋势。

3. 央企竞争日趋激烈

由于投建营运一体化、融资成本优势、建筑合规化、项目规模增大以及技术门槛的提高等因素，国有建筑企业尤其是中央企业集中度持续提升。据八大建筑央企经营情况简报，2024 年前三季度八大建筑央企新签合同额共计 105554 亿元，占全国建筑业新签合同额 223177 亿元的 47.3%，建筑市场份额占比进一步加大，集中度继续提升，重大项目竞争尤显激烈。

7.1.3　施工总承包部市场开发定位

新质生产力推动建筑业现代化转型和高质量发展，就必须克服行业粗放发展、监管体制机制不健全、工程建设组织方式落后等问题，施工总承包模式必须不断改进优化，以生产实践优化项目前期策划、成本报价、商业模式等市场开发环节，实现生产经营紧密联动。轨道交通项目争夺焦点已从技术方案、投融资模式等就项目论项目的要素竞争，升级为各大建筑企业围绕投资理念、资源配置、产业协同开展的全方位竞争，中标与否愈发取决于对地方政府经济拉动、税金贡献的响应程度。

施工总承包部是建筑企业履行主责主业的履约主体，是代表建筑企业管理重大项目的统筹机构，克服了高难度施工技术难题，锻炼了善于管理、能打硬仗的施工管理团队，积累了丰富的专业板块施工管理经验。承担的市场开发职责，主要包括："以现场保市场、以现场促市场"，以高质量履约建立政府和业主的信任，在日常工作中做好业主日常沟通和密切协调，根据业主需求及时解决问题，建立、维持良好的公共关系；开展滚动经营，作经营前哨和市场开发触角，在施工过程中搜集、共享所在地市场信息，参与新项目策划投标工作；开展辐射经营，以现有项目为基础，开展周边区域项目市场开发工作。施工总承包部要充分展示和发挥建筑企业综合优势，承担起市场开发的引领和协调重要工作，要深入参与市场竞争，更要通过高端交流和合作深度介入所在地建设规划，把握市场动态和发展趋势，为建筑企业赢得先机、夯实经营基础。当前建筑市场竞争日益激烈，施工总承包部还要积极主动引导客户需求，要敏锐洞察市场变化，预见客户需求趋势，通过创新和优质服务创造更大价值，赢得客户信任，创造更广阔的市场发展空间。从某种意义上说，建筑企业以施工总承包进入的城市，施工总承包部将承担统筹建筑企业资源、担任项目所在地后续市场开发的主体责任。

施工总承包部要对建筑企业区域经营机构承担指导和协调工作，支持指导区域经营机构获取掌握所在地业务板块、区域战略规划和重点项目信息，协助分析市场机遇、制定市场开发策略。

施工总承包部在市场开发工作中，既是建筑企业市场拓展的先锋力量，又是协调企业内外资源的关键枢纽。通过充分发挥品牌、诚信、社会责任、生产经营联动等核心优势，积极引导客户需求，统筹区域经营力量，发挥重要作用。

例如，某城市轨道交通工程项目某工区项目部以自身项目为基础，中标了由其施工的车站旁TOD上盖与车站附属合建项目，合同体量与现有项目相当，或者同类项目开发（例如，某央企集团公司城市轨道交通工程项目总承包部通过对承担的总承包项目标段高质量履约，继而中标同城市轨道交通工程大标段总承包项目），实现市场的滚动发展。

7.2　品牌体系建设是实现市场开发必由之路

企业品牌是一种无形的、可以增加企业知名度的文化工具，是一个成熟企业在激烈竞争中实现规模经营和持续发展的绿色通道，是企业发展的基本规律。建筑企业品牌建设尤为重要，是践行习近平总书记“三个转变”重要论述的使命担当，是“创建世界一流企业”战略目标的路径选择，将品牌建设贯穿于建筑企业运行全过程，持续提升品牌战略执行力和企业竞争力，为“品牌强国”贡献力量。建筑企业品牌建立的载体是一个个建设项目，施工总承包部作为建设企业直属项目和最高管理水平的体现，是树立品牌形象的主力阵地。

7.2.1　树立企业品牌形象

品牌建设贯穿企业管理全过程。企业品牌是在企业自身商业品牌和服务形象基础上，衍生出的独属品牌。企业品牌包含企业经营理念、发展愿景、服务品质、产品质量等，通过明显区别于竞争对手的企业对外品牌，可以提升企业的美誉度和核心竞争力。

目前，面对国际国内经济形势发展的不确定性，建筑市场整体供大于求，业主遴选建筑企业的标准集中在对承建工程质量的认可和企业服务的信任。建筑企业展示自身实力的载体是品牌工程，能做好的市场基础就是品牌建设。建筑企业市场开发系统依靠良好的品牌效应开展市场竞争、获取项目，拓展品牌；项目管理系统通过良好履约服务业主，塑造品牌。施工总承包部代表建筑企业承接工程项目，并与竞争企业在项目生产过程中开展全方位对标，要坚守诚信、成本、质量、安全、工期、环保等各项工程履约底线，为客户提供高品质的产品和服务，以此提升企业品牌的信任度。

例如，2024年在上海举办中国品牌日活动期间，主办方举办了企业社会责任会议。中交集团党委副书记刘翔出席会议并作主旨演讲，从五个方面介绍了中国交建品牌建设工作的具体做法——“为祖国的建设贡献出一切力量”“每一次都是第一次”“绿水青山就是金山银山”“以人民之心为心”“品牌无限、品牌无价、品牌无疆”，并介绍了中国交建在五大领域的实际工作成果与经验。中国交建以扎实的技术基石、澎湃的创新动能，赋能中国交建品牌形象，为中国品牌发展贡献中交力量。

7.2.2 创建工地文明施工

建筑施工现场具有特殊性，存在一定的安全隐患，在施工过程中需秉承着“安全第一”的理念来进行安全管理。施工现场安全与否除了直接影响施工人员的人身安全以外，还决定了工程建设和谐与否以及工程建设质量。文明施工指为确保建筑施工现场整齐划一，严格按照相关程序、工序开展工作，改进和优化组织环节，按照国家相关政策制度、法律法规，结合项目实际推动落实相关制度、方案，确保各类设备、设施及材料放置安全到位。还包括施工过程中确保道路通畅，排水设施设备齐全，水电暖线路布设合理，建立定期检修维修机制，确保相关设备、设施正常运行。文明施工不仅是一种施工理念，而且是一种施工方法，有效应用于建筑工程管理过程当中，有利于工程质量和管理效率的提高，也有利于建筑施工企业长远、可持续发展。一个工地文明施工水平是该工地乃至所在企业各项管理工作水平的综合体现，是建筑企业文化与品牌的直接展示。

建筑企业要立于不败之地，必须壮大自身实力，打造过硬的产品和优质服务，文明施工的有效运用是扩大市场份额、提高企业知名度和影响力的重要手段。工程项目具有一次性、资金投入具有不可逆性，业主会在工程招标前了解主要竞标企业施工总承包项目的实施情况，必要时还会赴现场考察，文明施工得到建设单位的认可肯定，有利于品牌影响和市场核心竞争力的提高。施工总承包项目部肩负建筑企业工地管理的最高水平的和品牌工程形象塑造，须在展示企业文化、品牌等方面狠下功夫：根据业主相关要求，利用现代化、信息化等管理手段，以标准化操作程序、责任体系和安全监督管理手段，实现产值稳步上升、安全事故大幅降低，并设计整齐划一、视觉冲击的特色标识起到宣传推广作用，为企业提高品牌影响力和社会知名度奠定基础，为企业文化塑造和竞争力提升作出贡献，在国家、省、市文明工地评选中勇立潮头，在所在地乃至全国树立起鲜亮的管理品牌。

7.2.3 开展工程质量创优

文明工地建设是建筑企业外在的形象品牌，建筑产品本身的质量等级就是建筑企业内在的管理品牌，以工程质量的优劣选择施工企业成为项目招标商务评分的重要标准。工程质量是建筑施工企业的生命线，提升工程质量，推进创优评奖，既能对外展现企业的品牌形象，又能进一步开拓区域市场，是树立企业形象的根本，是建筑企业核心竞争力，是参与市场竞争的先决条件，关系到企业的长期健康发展。

施工总承包项目部必须确保生产、采购、商务等系统工作质量，打造更多精品工程、优良工程，不能为了创优而创优，仅靠编造材料、后期维修及质量提升实现硬件达到创优条件；重在把握创优精髓，即营造质量文化，在“人人自觉、全员行动”的质量文化氛围下，秉承对产品精雕细琢、追求完美和极致的精神理念，发扬工匠精神，全面提升过程管控水平，打造真正的精品工程，为市场开发创造有利条件。

施工总承包项目一般是体量大、规格高、工期紧、相关方多、政府和群众关注的重点项目，工程质量创优的品牌效应巨大！各级建设主管部门可给予建筑企业品牌更多社会声誉，政府和业主通过邀请招标等形式给予政府投资重大工程的参与机遇，有利于建筑企业的市场份额提升。

7.3 诚信体系建设是获取业主认可必经之路

建筑业是一个复杂系统，涉及建筑企业、设计院、监理单位、分包单位等众多参与方，各方之间的合作与信任是保证工程质量和进度的基础。诚信体系建设，正是为了加强各方信任，提高建筑业整体运行效率和质量。诚信是建筑业健康发展的基石，诚信建设是全社会和建筑企业难以逾越、必须面对的责任要求。目前，在施工过程中，有部分建筑企业违背合同承诺、违规转包、拖延工期、非理性索赔乃至偷工减料、粗制滥造；在招标过程中，有部分业主设置行业壁垒、地方保护条款，也有建筑企业编造企业、人员业绩资历；在商务谈判中，还有一些业主要求垫资施工、提供超额保证金、拖欠工程款，拖延结算、决算时间等。虽然信任缺失是双向的，但是大多指向建筑企业，这些不诚信的行为现象影响了建筑企业健康发展，降低了社会效率和效益，干扰了建筑行业正常市场秩序。

《“十四五”建筑业发展规划》提出，完善建筑市场信用管理政策体系，构建以信用为基础的新型建筑市场监管机制。完善全国建筑市场监管公共服务平台，加强对行政许可、行政处罚、工程业绩、质量安全事故、监督检查、评奖评优等信息的归集和共享，全面记录建筑市场各方主体信用行为。由此可见，诚信体系建设在市场开发中的地位愈发重要。

7.3.1 建立诚信体系

当前，建筑企业反映最强烈的是业主施加名目繁多保证金、拖欠工程款等问题。随着地方政府化债举措的顺利推进，财税改革的持续见效，根治办法还是建立施工企业市场信誉，并获得社会广泛认同。建筑企业诚信是一种无形竞争和一种诚信价值的竞争，项目施工过程中要诚实守信，严格履约；在业主沟通协作中，提供更周到、细致的服务，寻求长远合作共赢；以持之以恒的不懈努力树立企业诚信形象，以诚信守约建立区别于竞争对手的市场开发差异优势，为建筑企业长远发展赢得广阔市场。

施工总承包项目部作为代表建筑企业履行重大项目管理机构，一般使用建筑企业的集团资质业绩，级别高、要求高、诚信建设责任大，应该履行起更加严格的监管措施。包括，严格管理分包单位的资质业绩和施工能力，杜绝无法人单位、无资信业绩的队伍进场；界定清晰专业施工企业和劳务分包企业，规定好各类企业承接的工程等级内容；建立诚信经营信息档案，建立分包企业“红名单”“黑名单”制度，给予优良分包企业战略合作的政策待遇，给予不良分包企业处罚清退；施工总承包项目部及工区主要履约管理人员不能随意更换，确保标书约定和实际上场人员保持一致，严格做好安全质量环保进度各项工作。必须恪守社会公德、商业道德和行业自律规则，规范运作、及时足额纳税，维护业主和债权人权益，保护知识产权，全面履行合同，反对不正当竞争和商业贿赂及欺诈行为，维护建筑市场的正常秩序。诚信体系建设是一个长期系统工程，将诚信经营作为自觉行为准则，将对施工总承包项目部滚动开发、建筑企业生存竞争、建筑行业健康发展具有重大意义。

7.3.2　做好信用评价

建筑施工企业信用评价作为建筑市场信用体系的重要组成部分，对促进建筑业健康发展具有重要意义。2017 年，国务院印发《关于促进建筑业持续健康发展的意见》，加快推进建筑市场信用体系建设；住房城乡建设部印发《建筑市场信用管理暂行办法》，旨在规范建筑市场秩序，营造公平竞争、诚信守法的市场环境；2018 年，住房城乡建设部印发《建筑市场信用管理暂行办法》，要求省级住房城乡建设主管部门结合本地实际情况，开展建筑市场信用评价工作，建立完善建筑市场各方主体守信激励和失信惩戒机制。2022 年，中共中央办公厅、国务院办公厅印发了《关于推进社会信用体系建设高质量发展促进形成新发展格局的意见》，强调完善的社会信用体系是供需有效衔接的重要保障，是资源优化配置的坚实基础，是良好营商环境的重要组成部分，对促进国民经济循环高效畅通、构建新发展格局具有重要意义。在此背景下，主要省市相继建立建筑市场信用评价体系，对建筑施工企业等市场主体开展信用评价，并将信用评价结果在政府采购、招标投标管理、公共服务等环节进行广泛应用。

施工总承包项目部做好施工企业信用评价，一方面可以促进企业积极提升信用，清理债务遵守合同，进而提高自身核心竞争力；另一方面可以规范市场秩序，杜绝恶性竞争，做到“优胜劣汰”，即通过市场调节作用使信用较好的施工企业获得更多的机会。业主通常会将重大项目拆分成多个标段，以施工总承包形式平行发包给大型建筑企业，并以季度、年度为时限开展信用评价工作。取得好的信用评价排名，是对建筑企业项目管理水平的整体评价，更是其品牌、信用等无形资产竞争的直接结果，更是未来滚动开发获取后续项目的重大支撑。

7.4　社会责任是建筑企业承载时代之路

企业履行社会责任是社会利益相关方的期望，也是企业自身生存和持续发展的需要。建筑业是国民经济的重要支柱产业，关系国民经济发展、国防安全和人民生命财产的安全及生活的质量，在建设中国特色社会主义事业中作用重要、使命光荣。建筑业企业履行社会责任，就是在追求经济效益的同时关注和参与社会管理与社会服务，对利益相关方和环境负责，实现企业与职工、企业与社会、企业与环境的协调和谐发展，做社会主义和谐社会建设的实践者和促进者。最根本的就是为社会和人民提供安全可靠、适用美观、绿色低碳的合格建筑产品，加快转型升级，提高创新能力，注重节能减排和绿色施工，实现发展方式的转变。这既是建筑企业履行社会责任的主要内容，也是建筑企业实现自身可持续发展的内在需求。

7.4.1　对员工、农民工责任

建筑企业过去一直是技术含量低、劳动密集型行业，项目管理关系涉及投资方、管理方、建设单位、监理单位、项目经理、技术员等众多方面，员工劳动关系包括正式员工，借调员工，乃至于局聘、处聘、项目聘员工，分包工人等，人员关系比较复杂。建筑企业工作强度高，受气候和作业性质影响难以实现 8 小时工作和双休班制，尤其是基层员工工作环境比较差，涉及高空作业、高空抛物、高压工作、动火作业等危险工作，部分项目交通和通信不便，假期、保险等福利难以保证。

施工总承包项目部应建立完善的员工履职待遇体系，对调休、假期、劳动保险等作出统筹安排，不拖欠员工工资福利；为员工提供良好发展平台，提供学习培训、实践锻炼和调岗晋升的机会，关注员工职业生涯规划和发展；改善工地环境，做好绿化、净化、硬化和美化，降低粉尘与噪声，提升卫生食宿条件；做好安全工作，配备安全网、安全带等防护设备，落实安全生产教育培训，危险作业人员持证上岗，避免发生伤亡事件；杜绝拖欠农民工工资问题，规范农民工工资专用账户管理，切实维护农民工劳动权益；要在提高效益的基础上，坚持以人为本的发展理念，最大限度满足员工自我实现的期望和愿景，不断改善员工物质文化生活条件，注重关怀员工和农民工的教育、生活和文化，增强其归属感和尊严感，形成生产经营的全员合力。

7.4.2 对社区、居民责任

市政项目施工地点在城市繁华地带，虽然已大力开展文明施工，但是在交通导改、物料堆放、大型机械施工噪声、粉尘等多方面难免会对周围社区居民生活造成影响。建设项目是为居民创造更美好的生活条件，但在施工过程中会给社区居民带来不便，只有双方和谐相处、相互体谅，才能顺利完成项目建设工作。

施工总承包项目部作为建筑企业直面社区、居民的窗口，应该树立社区意识，重视社区形象建设，将社区公共关系建设纳入总包部公共关系体系之中；在征拆、施工、还建等工作中避免伤害社区利益，在总包部、工区临建考虑与社区共用和服务设施，合理回馈社区居民，为社区发展提供经济、物质支持；建立展示中心向居民展示项目建成后的功能作用以及施工工艺工法，以真诚和科学消除居民各种疑虑，建立社区沟通机制，以协商对话解决施工过程中对社区、居民的影响，开展党建共建等多种形式活动与社区、居民增强了解。在项目建设过程中获得社区、居民，乃至业主、政府，以及全社会的认同和支持，以良好的企业品牌和工程形象实现扎根城市、建设城市的战略布局，以良好的社会责任担当为后续滚动开发提供强大支撑。

7.4.3 对环境保护责任

项目在施工过程中会产生大量的建筑垃圾、废料废渣、粉尘、噪声、污水等，如不进行处理会严重影响环境。随着“绿水青山就是金山银山”的生态文明理念深入人心，社会和群众对改善生态环境的意识更加强烈，国家对城市生态环境的治理要求更加明确，建筑企业的社会责任更加突出，绿色施工成为社会和企业共同追求的目标。

施工总承包项目部要提倡环境保护和资源节约理念，在保证施工进度和质量的前提下，最大限度减少施工噪声、扬尘污染；科学规划渣土和物料运输，做好车辆清洁，减少对居民生活和道路交通影响；开展科技创新、绿色建造，节约能源、循环利用，减少产出废弃物；在生态薄弱地区更要专项研究、专款投入，重视生态环境保护工作。环境保护责任既是社会责任的付出，又是企业创新能力的体现，更是大型建筑企业提升绿色施工能力、为建筑行业作出的表率，对后续项目滚动开发具有重要意义。

7.4.4　对合作伙伴责任

建筑企业专注主责主业发展、重视资源整合统筹，在市场化竞争、高度专业化分工的当下，一般难以依靠自身力量独立完成重大项目，需要与中介服务机构、勘察设计单位、材料设备供应商、工程分包合作、劳务队伍等不同市场主体建立经济合作关系，发挥比较优势，形成更好的经济效益，承担社会服务责任。建筑企业应与合作伙伴建立诚信关系，共同遵守合约。

施工总承包项目部要公平、公开、公正开展专业和劳务分包招标，制定科学合理的分包单位选择和管理制度，及时计量和拨付工程款。

落实项目管理目标责任，对实施过程做好策划、组织、协调、控制，做好项目质量管理、风险识别管控、成本费用管理，以优质履约为建筑企业和合作单位收益奠定基础。施工总承包项目部要带动合作与分包单位共同发展，形成共赢的良好局面，以更加紧密的产业链、生态圈合作关系支撑后续项目滚动开发和收益保证。

7.4.5　对社会公益责任

建筑企业作为国民经济的支柱产业，建筑企业发展过程接收了社会发展红利，得到了社会政府支持帮助和资源供给，同时也应为社会作出贡献，积极参与慈善事业，在遭遇自然灾害等灾难时主动担当作为、贡献企业力量。

施工总承包项目部积极参与社会公益事业和社区建设，鼓励员工参加志愿服务工作，开展资助和支持教育、科学、文化、卫生、扶贫、济困、扶老、救灾等慈善活动，关注和帮扶社会弱势群体、促进社会和谐发展，在发生重大自然灾害和突发事件时，积极调度财力、物力和人力等方面的支持和援助，组织派出抢险队、突击队和相关装备，扛起使命担当，服务社会需求。

7.5　生产经营联动是建筑企业生存之路

建筑企业市场开发长期采用分散经营、机会经营，缺乏稳定“粮仓”“票仓”，虽然新签合同额保持整体稳定增长，但是各区域市场规模和占比波动幅度较大，有的区域斩获订单后就规模锐减，难以守住稳定市场。目前，国内城镇化率超过67%、建筑业进入周期性调整、房地产开发持续下行萎缩、新签合同额集中在大型建筑企业尤其是主要建筑央企，市场经营形式愈发严峻，建筑企业持续发展的关键在于能否稳定既有市场、能否维持市场份额、能否实现滚动开发。例如，渔夫捕鱼要经历四重境界，一是“不知道哪里有鱼”，二是“知道哪里有鱼，但不一定能钓到鱼”，三是“到鱼多的地方织密网，能钓到好鱼”，最终到第四重境界“想吃啥鱼就能钓啥鱼”。

施工总承包项目部就要做到渔夫捕鱼的四重境界，策划包装优秀项目，植入自身优势元素，推进项目跟踪投标，实现中标意向项目。这就要求施工总承包项目部高质量履约，高水平市场维护，不断提升建筑企业品牌美誉度，统筹合作伙伴经营资源，实现“以揽促干，以干促揽”。

7.5.1 实现属地化发展

游击战可应对敌强我弱、力量悬殊的特殊时期，适用于建筑企业对外扩张、拓展市场的发展阶段，为了快速打开局面，有活就接、大干快上，但当熟悉新市场后，如果还是搞机会经营，将对前期拓展市场投入的资源和严格履约打造的业绩造成巨大浪费。建筑企业应该依托施工总承包项目部建立经营网点、派驻经营人员，维系公共关系，保留项目团队，以深耕市场实现属地化发展。

1. 人员属地化

要提高施工总承包项目部中高层管理人员和普通员工的同步属地化比重，既利于社会资源积累，又易于形成项目属地化推进共识。要结合属地员工特点，健全属地化管理制度，形成员工培养、提升、轮岗、属地的流转管理机制，既获属地化之利，又规避熟人文化之害；要完善员工支持体系，健全探亲、休假等保障机制，解决职工落户、子女上学等问题，提高员工归属感，实现异地扎根；要充分发挥属地化员工在商务开发、项目管理、施工技术、对外协调、工程创优等方面的价值。

2. 公共关系属地化

要充分发挥属地化员工在对外协调方面的天然优势，加强与业主、政府、社区、行业协会、投融资、设计、监理、高校、科研机构等单位建立紧密合作关系，建立属地化的产业链、生态链，实现优势互补，降低经营风险。要积极参与属地党建和政治生活，与属地单位开展党建共建等交流活动，推荐领导、员工参加当地人大、政协委员，劳模等荣誉评选，以更强的联系全面介入当地政治经济生活。要高效、精准开展市场营销，通过推广宣传提高建筑企业的知名度和影响力，以符合属地客户习惯的方式开展经营活动。

3. 资源属地化

要加强与当地国有企业、优秀民营企业合作，共享共建资源；要加强与地方劳务、物资等分包供应资源的合作，培育属地化战略合作伙伴。要策划建筑企业与当地政府搭建战略合作伙伴关系，结合双方需求与优势，框定重点项目签署战略合作协议，竭诚为属地经济社会发展贡献力量。

7.5.2 专业化发展

建筑企业发展始终围绕规模和质量两个重要维度。在市场竞争日趋激烈的环境下，建筑企业若不想被市场淘汰，就必须扩大规模，获取新市场和新业务增量，这就是区域化；在行业平均利润持续下行的背景下，建筑企业必须加强精益化管理，在细分领域深耕和做强，这就是专业化。施工总承包项目承担建筑企业重大项目，符合主业契合经营重点，代表建筑企业某项业务板块的最高管理水平，承担应对市场激烈竞争、适应市场经营环境变化、提高管理效率和盈利水平的重要责任。

1. 要打造专业化品牌

施工总承包项目部要从可持续发展角度培育、维护建筑企业品牌，确保建筑企业在市场竞争中行稳致远。要充分利用当地媒体资源，做好品牌营销和传播，围绕重大战略部署、重点工程、重大事件，加强宣传、集中报道，打响专业领域知名度；要积极参与政府、社区、行业协会社会活动，展示建筑企业技术优势、社会责任感和良好形象；要建成高质量品牌工程，善于创新、诚信守约，提供高品质建筑产品和服务，提升在当地市场的竞争力和影响力。

2. 要做好项目策划

施工总承包项目部要深入了解当地市场环境、行业规则以及客户需求，从而更好把握商机、适应市场变化，直接或间接参与顶层规划，以产业规划咨询为切入点为当地发展规划建言献策，主动引导客户需求，提供个性化的解决方案，输出项目顶层设计思路和投建营一体化服务方案。

3. 要形成专业化优势

施工总承包项目部要打造精品工程、铸造专业团队、形成专业化优势，在管理、工艺、技术等方面创新，并助力企业提升核心竞争力。要加强质量控制，工程设计先进合理功能齐全，地基基础与主体结构安全稳定可靠，装饰工程细致、工艺考究、质量上乘，设备安装规范，管线布置合理美观，工序全过程做到精心操作、严格控制和周密组织，经得起内在质量和外在质量的检查和检验，争创示范工程；要开展创新技术，围绕数字化、网络化、集成化、“物联网＋”、BIM 技术进行数字化转型和智慧工地建设，实现对人机物法环全方位实时监控，提升工程质量效率；要实现绿色节能，最大限度体现“节约环保、功能集成、配置优化”，在水资源利用、土地利用、材料消耗、环境保护等方面提高标准，注重建筑与环境和谐发展，实现低排放、少污染；要强化安全管理，加强制度化、标准化和精细化管理，尽量降低施工作业对群众生活的影响，在安全文明施工上发挥示范引领作用，争创“平安百年品质工程”，全力打造精品工程、样板工程、平安工程、廉洁工程；要建立产业协同体系，与当地供应商、承包商建立紧密合作，形成属地化供应链和产业链体系，实现优势互补，降低风险和成本，进一步提高市场竞争能力。

7.5.3 区域化发展

建筑企业为避免合同额不稳定“今天有项目、明天没项目”的情况，就必然要以核心城市、核心市场为中心，辐射拓展周边市场，以区域化发展实现经营均衡。建筑企业“模拟法人制”就是改变传统的直线式或职能式组织结构，从“行政型”管理向符合市场需求的“经济型”转变，对建筑企业下属非法人资格的各经济实体实施业务流程的放权和激励。施工总承包项目部是承担生产任务的实体机构、模拟法人，也是经营末梢、直面市场的经营触手，被赋予项目所在城市及辐射区域的调动经济资源、承担风险、分担责任、分享收益的权利，成为区域市场的重要经营主体。

1. 谋划经营布局

施工总承包项目部要深入调研掌握属地市场格局、行业发展趋势、政策法规，深入了解客户需求和期望，把握市场动态。以自身为依托在项目所在地开展经营工作，在固定投资多、市场潜力大、偿债能力强、市场环境好的周边城市区域进行经营拓展，找准切入策略，深耕区域市场，形成若干属地化核心，避免市场波动风险。要统筹整合建筑企业区域内的子分公司和机构的人力、物资、技术等经营生产资源，为客户提供更优化、更广泛、更全面的解决方案，提升客户的满意度和忠诚度，有助于树立建筑企业良好口碑和形象。

2. 寻求战略合作

施工总承包项目部与待开拓市场的骨干国有企业、优势民营企业等资源集中的单位建立战略合作，尝试优势互补、资源共享，利用品牌、资质或资金优势与本地企业形成联合体，快速获得市场份额。这种开发模式具有见效快、成本低的优势，但是对企业品牌资源能力、风险识别与控制能力要求较高。此外，还可通过协调建筑企业资源策划建立实体公司，以股权投资的形式整合外部资源。一方面可收购或参股本地企业进入新区域市场，例如南通三建收购安徽路网55%的股权，拓展新区域和新领域；另一方面可寻求与当地政府或者甲方单位合资设立区域公司，例如上海建工与嘉兴市政府合作成立上嘉建设，中车集团和南京地铁集团有限公司联合投资组建中车规划设计院。

3. 发挥模拟法人优势

施工总承包项目部作为模拟法人，在建筑企业内部既有严格的授权管理制度，又有宽松的经营发展环境，可以自主选择经营模式，在引进人才、使用人才等方面有较大自主权，使下属部门、参建单位、每个员工充分感受到生存发展压力和成就激励的动力，真正实现“全员经营”的良好局面，为适应建筑市场变化提供强大支撑。

7.5.4 生产经营一体化发展

建筑企业运营质效的直接体现，是资源、资产、资本、资金的转化速度。施工总承包项目部必须提高站位，把在建项目的资本能力与建筑企业高端资源相结合，充分发挥现场与市场的联动关系，积极争取从市场源头收获优质项目，为“四资”转化奠定基础、拓宽通道。

1. 实现项目群管理

建筑企业依托重大项目施工总承包项目部建立联合项目部，作为本区域建筑企业在建项目的桥头堡，和与政府、业主、战略合作伙伴沟通的纽带。负责统筹区域内所有项目的质量安全、进度、成本管理，做好在建项目，树立品牌形象；利用地区内项目资源，完善管理模式，为建筑企业实现最大经济效益；加强与战略合作伙伴联系，做好区域市场营销，实现生产经营一体化。

2. 统筹资源提高效益

联合项目部对区域内人力、物资机械、资金资源进行合理调配，平衡项目建设各个时期对资源的需求。在建筑企业资金集中的前提下，实现联合项目部资金收支自平衡，满足各在建项目资金使用需求，树立企业利益最大化的管理理念；积极与业主和债务方谈判，确保内部债务足额支付，实现利润足额上缴；集中开展二次经营工作，与业主进行一揽子谈判磋商，实现效益、效率、现金流的高效融合。

3. 整合资源开拓市场

联合项目部开展“全员营销”，坚持“关口前移”，调动相关部门参与标签经营、图纸经营和履约经营，做好经营策划工作，实现“有的放矢”、高质量中标优质项目；做强“高端营销”工作，主动对接地方政府、业主，与属地国有企业、优势民营企业、优秀分包单位建立战略合作，充分利用外部资源和内部力量，推动落地重点项目；建立大客户管理体系，完善客户分类分级管理，构建高、中、低层次立体对接，加强联合项目部与各经营主体协同，实现重点客户差异化服务，建立长期稳定的合作关系。

第三篇

展望

EXIT
往栖霞山
To QIXIASHAN
6 号线
Line 6
往南京南站
To NANJING SOUTH RAILWAY STATION

第八章 施工总承包项目管理的展望

企业层面的项目管理与项目层面的项目管理正如中国道家的阴阳两极，存在差异，但又相辅相成，密不可分，共同促进企业发展。为了形成可持续竞争优势，建筑施工企业要同时做好企业层面以及项目层面的项目管理设计未来发展方向规划。

如图 8-1 所示，企业层面的运营多是命令和控制的紧凑型文化，注重规章制度的执行和层级管理的效率；而项目层面的管理多是授权和合作的松散型文化，强调团队的自主性和协作精神，企业稳健的决策功能和强大的资源平台为项目市场的开发、实施和履行质保责任提供了前提和基础，而项目的获得和成功则是企业利润创造和社会责任履行的主要来源和抓手。对于典型的项目型企业来说，为了形成未来的可持续竞争优势，应同时做好企业层面以及项目层面的项目管理设计未来发展方向规划，既要处理好企业管控与项目赋能的关系（既要确保企业的整体战略和规章制度得到有效执行，又要给予项目团队足够的自主权和灵活性，以应对市场变化和客户需求）、处理好企业经济效益与项目广泛利益相关者的关系（注重与合作伙伴、客户、社会等各方利益的协调，以实现共赢和可持续发展）、处理好企业优势业务与潜在市场的关系（既要巩固和提升现有业务的竞争力，又要积极开拓新的市场领域，为企业未来发展储备新的增长点）以及处理好企业市场地位和内在能力修炼的关系（不断提升自身的品牌形象和市场影响力，同时加强内部管理和人才培养，为企业的长远发展奠定坚实基础）；对于项目来说，要聚焦于从人治到法治（如通过建立和完善项目管理制度和规范，确保项目管理的规范化和标准化）、从割裂到集成（如加强项目团队内部的沟通和协作，形成合力，提高项目管理效率）、从协同到共生（如注重与合作伙伴、供应商等各方建立良好的合作关系，实现资源共享和互利共赢）以及从任务到学习（如将项目管理视为一个不断学习和提升的过程，通过总结和反思经验教训，不断提升项目管理水平）的重要转变。

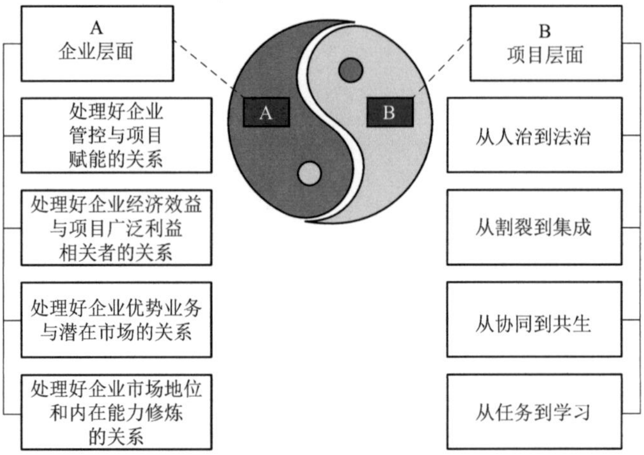

图 8-1　企业层面与项目层面的项目管理体系未来发展方向

8.1　企业层面的项目管理未来展望

8.1.1　处理好企业管控与项目赋能的关系

建筑施工企业应按照“该管的管住管好、该放的放权到位”的思路，以明确划分企业管控事项为起点，这意味着在关乎企业全局和战略发展方向的关键环节，如资金调度、人力资源配置等必须严格管控，确保不出差错；而在一些具体的项目执行层面，如进度控制、细节管理等则应当给予项目团队充分的放权，使其能根据实际情况灵活应对，提高工作效率。同时，企业需要制定一套稳定并能适应外部环境变化的战略方针、规划与策略，这不仅包括长远的企业发展规划，还涉及对市场的敏锐洞察和对风险的精准把控，如此能为项目层面的项目管理体系提供坚实的政策基础、保障监督基础以及资源基础[14]。在此政策基础上，企业可进一步进行项目全员赋能，通过培训、激励和职业发展规划等手段，激发员工的潜能和创造力，促使他们更好地完成工作任务，提升项目整体绩效。并且在开展项目赋能的同时也要做好风险防控，平衡企业管控与放权之间的关系。放权不意味着放任，企业需要通过建立完善的监督机制，确保项目团队在享受放权带来的灵活性同时，也能够严格遵守企业的规章制度，防范可能出现的风险。多层次赋能体系如图 8-2 所示，营造企业赋能文化，是企业持续发展和提升竞争力的关键所在，更是激发员工潜能、促进团队协作的重要手段。提升项目经理赋能领导，进而提高一线项目管理人员的心理赋能，激发其更加关注团队成员的成长和发展，为员工提供更多支持和资源，提升员工归属感、获得感和认同感，从而激发员工工作满意度、工作效率和创新活力。同时，项目员工实现心理赋能也将反向促进项目经理赋能领导能力，员工在工作中所展现出的积极态度和创造力，将激发项目经理更加深入了解其需求和期望，并为其提供更加精准的赋能支持，这种良性互动有利于促进企业赋能文化的培育和强化。企业赋能文化更强调企业高层领导行为和组织政策，指的是企业通过改变工作场所的关系，让员工支配一定工作所必需的资源[15]，员工可以参与一些决策过程，通过培训提高组织目标的合法性并恰当地影响员工行为，并为员工提供学习和成长机会[16]。

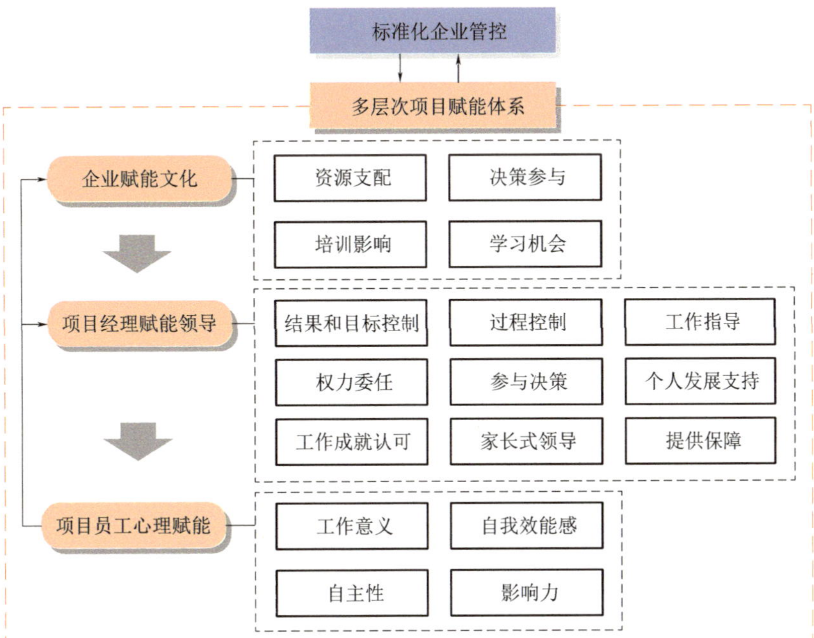

图 8-2 企业管控基础上的多层次赋能体系构建

项目经理作为推动企业战略落实的“终端”和“末梢”，既是战略的推行者，需要深入理解企业战略，并将其转化为具体的行动计划；又是市场环境的体验者，需要敏锐地感知市场变化，及时调整项目方向和策略，其能力高低在一定程度上影响着企业对环境的应变能力，因此通过多种手段对项目经理进行赋能是企业增强环境适应性的必然选择。项目经理的领导赋能行为是一个分享权力的过程，领导通过一系列管理行为将自主权和责任分配给组织所有成员和团体，有利于增强他们的内在动机进而实现工作目标。具体包括结果和目标控制、过程控制、工作指导、权力委任、参与决策、个人发展支持、工作成就认可、家长式领导和提供保障九个维度。

结果和目标控制是指领导为下属设定工作目标并注重工作结果。项目经理为员工设定清晰、具体的工作目标，通过定期检查和评估这些目标的达成情况，确保员工的工作与整体项目目标保持一致，同时激励员工为实现目标而努力。

过程控制是指领导了解下属工作的进展情况。项目经理通过监控工作进度、定期检查工作成果以及提供必要的反馈，确保项目按计划顺利进行，并且必要时需要识别和预防可能出现的问题，确保项目不受阻碍。

工作指导是指领导对下属工作提供指导、鼓励以及资源和信息等方面的支持。项目经理为员工提供必要的指导和支持，包括专业技能的传授、解决问题的策略以及工作方法的优化等，同时也包括分享自己的经验和知识，帮助员工提升工作效率和质量。

权力委任是领导赋予下属自主决策的权力和职责、参与决策是指领导采取措施使下属参与组织决策，使下属对决策产生影响。项目经理将部分决策权力和职责赋予员工，鼓励其根据自己的专业知识和经验作出判断，这不仅有利于提高员工的责任感和参与度，也有利于培养其领导能力和自主管理能力。

个人发展支持是指领导关注下属在组织中的发展，并创造机会使下属获得发展。项目经理关注员工的职业发展，为其提供培训、学习和发展机会，并且还会根据员工的特点和需求，制定个性化发展计划，助力其实现职业目标。

工作成就认可是指领导对下属工作成果予以肯定和奖励。

家长式领导是指领导对下属“恩威并施”“施恩”和“威权”并重。项目经理对员工的工作成果给予及时、公正的认可，通过表扬、奖励和晋升等方式，激励员工继续努力，追求卓越，有利于提升员工的满意度和忠诚度以及激发其工作热情和创造力。

提供保障是领导为部门或企业营造愉快的工作氛围，为员工创造良好的工作待遇。项目经理为员工提供必要的工作保障，包括良好的工作环境、合理的福利待遇以及必要的资源和支持。同时关注员工的工作压力和身心健康，提供必要的心理辅导和健康支持，有利于增强员工安全感和归属感，提高工作效率和幸福感。

项目员工心理赋能是员工对自身的工作价值、能力、控制力及影响力的心理感知过程，从而产生内在激励，包括工作意义、自我效能感、自主性和影响力四个维度[17]。

工作意义是指项目员工根据自己的价值体系和标准，对工作目标和目的价值的认知。感受到工作意义的员工更容易产生工作满意度和职业成就感，从而更加积极地参与工作，为项目的顺利实施贡献力量。

自我效能感是指项目员工对自身完成工作的能力的认知。当员工对自己能力有信心时，将会更愿意接受挑战，并努力克服工作中的困难，这不仅有助于其个人成长进步，还能提升整个项目团队的效能和创新能力。

自主性是指个体对工作活动的控制能力。当员工能够在一定范围内自主决策、自由安排工作时，将有助于激发其创造力和主动性，提高工作参与度。

影响力则是指项目员工在多大程度能够影响所在项目在管理政策、实践和规则等方面的结果[18]。当员工能够参与决策、提出建设性意见并见证意见被采纳和实施时，将有助于增强其归属感和忠诚度，促进团队合作与沟通，推动项目顺利进行。

8.1.2　处理好企业经济效益与项目广泛利益相关者的关系

经济效益是营利性企业生存的根本，关乎企业命运和长远发展，因此建筑施工企业首先应保障经济效益的稳定增长。建筑施工企业不仅承载着推动国家经济建设的重任，也是我国建筑行业的重要支柱，所以确保其经济效益的实现对我国经济稳定和社会发展具有举足轻重的意义。例如，2023 年国资委召开中央企业负责人会议，全面贯彻落实党的二十大精神和中央经济工作会议部署，提出“一增一稳四提升”的目标，其中“一增”即确保利润总额增速高于全国 GDP 增速，力争取得更好业绩，增大国资央企稳定宏观经济大盘的分量。因此，建筑施工企业应当积极响应国家号召，通过优化管理、提升技术、拓展市场等多种途径，努力提升经济效益。同时，应努力加强与其他行业的合作与协同，共同推动我国经济的稳定增长和社会全面进步。

与此同时，对于建筑施工企业来说，积极履行企业社会责任，关注广泛利益相关者的社会效益也同样重要。例如，中国交建秉承“让世界更畅通、让城市更宜居、让生活更美好”的企业愿景，积极将履行社会责任纳入公司发展战略，不断促进经济效益与社会效益的平衡发展，推动实现公司与社会、环境及各利益主体之间的全面协调可持续发展。同时培育塑造“中交助梦”全球社会责任品牌，广泛传播中交履责故事，全面提升世界一流品牌文化软实力，努力成为“让出资人放心、客户满意、相关利益方信任、经营者安心、员工幸福、社会赞誉”的受人尊敬企业。

项目层面社会责任的履行对企业社会效益的实现具有重要支撑作用，例如中国建筑、中国广核集团和中国港湾工程有限公司等许多建筑施工企业在海外项目建设中坚持推广绿色理念，坚持绿色规划、绿色施工、绿色运营，全面贯彻执行绿色标准化管理，对企业社会效益的实现作出了重大贡献，对推进社会生态文明建设、促进人与自然和谐共生作出了实际行动。项目层面社会责任是指项目生命周期的利益相关者的政策或实践，体现了对更广泛社会福祉的责任，建筑施工企业的重大工程项目管理更应该发挥社会责任的示范引领作用，至少应包括政治、生态、环境、经济、法律和道德（图 8-3）六个方面的良好政策或实践，其中维护社会稳定和公平的政治责任是首位的，社会稳定是国家发展的基石，公平是社会和谐的保障。在项目管理中应始终坚持公平、公正、公开的原则，确保项目建设顺利进行；其次，经济和法律责任是必须严格遵守的，应始终坚持诚信经营的原则，确保项目经济效益和社会效益双赢，同时严格遵守国家法律法规，确保项目合法合规；再者，道德责任更不容忽视，应注重培养员工的道德意识和社会责任感，使其在项目建设中始终保持高度的职业道德和操守，树立良好的企业形象；最后，生态和环境责任同样重要，绿水青山就是金山银山，在项目规划和实施过程中应始终坚持绿色、低碳、循环的发展理念，积极采用环保技术和材料，确保项目对环境的影响最小化。

2022 年 10 月，习近平总书记代表第十九届中央委员会做了党的二十大工作报告，部署了在百年未有之大变局下继续创造奇迹的行动指南，明确提出“推动绿色发展，促进人

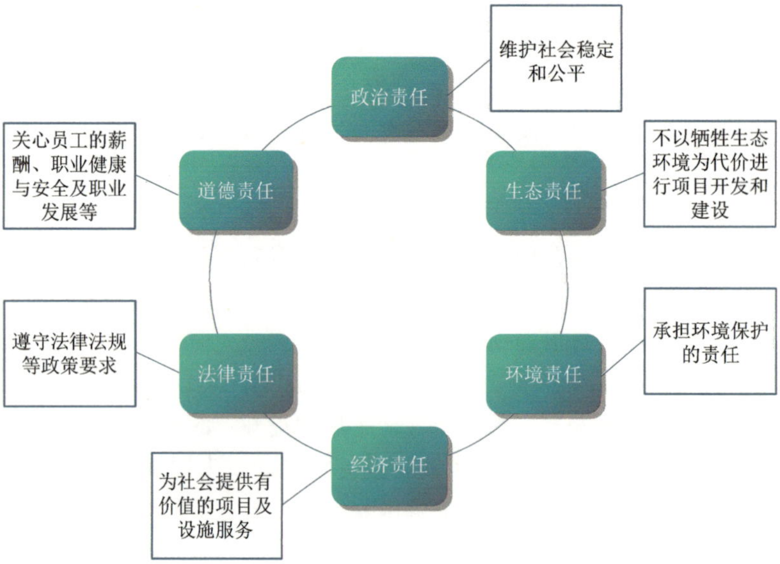

图 8-3　重大工程社会责任的六大维度

与自然和谐共生”。建筑施工企业作为国家经济建设的重要力量，肩负着重要使命和责任，面对全球气候变化的严峻挑战，应积极落实承担生态责任和环境责任，以实际行动回应总书记的号召。为此，制定切实可行的行动规划和方案尤为重要，从项目规划、施工到运营全过程贯穿绿色理念，确保每一项工程都能成为绿色发展的生动实践。同时，还应积极响应国家关于碳达峰、碳中和的目标要求，通过技术创新、管理创新等手段，不断提高能源利用效率，作出建筑业应有的贡献，履行对国家、人民和地球家园的庄严承诺。

8.1.3　处理好企业优势业务与潜在市场的关系

建筑施工企业应在关系国家安全、国民经济命脉的重要行业和关键领域，利用深厚的行业积累、先进的技术实力和丰富的管理经验，持续发挥不可替代的优势，保障国家基础设施建设的顺利进行以及为国民经济的长足发展提供有力支撑[19]。与此同时，建筑施工企业也可以围绕优势业务，积极寻求新的增长点和发展空间。逐步拓展产业链上下游，探索新的业务领域和市场机会，通过技术创新、资源整合和市场开拓，不断提升企业的整体竞争力。法国万喜集团（VINCI）在《工程新闻纪录（ENR）》全球最大 250 家国际承包商榜单中，位居全球第一。万喜集团的核心业务涉及了工程承包和工程经营两大板块，2022 年运营业务收入占整个集团的 15%左右，却贡献了 64%的净利润。经营业务主要为项目开发和运营，处于项目价值链的两端，产生的利润较高。因此，如图 8-4 所示，建筑施工企业可在聚焦于实体工作任务实施阶段的工程承包模式（例如 DBB 模式下的施工总承包管理、DB 模式以及 EPC 模式）基础上，向两端市场延伸，通过 F/I+EPC 模式、BOT 模式等逐步拓展项目开发和项目运营市场，将生产与经营相融合，实现现场与市场的同频共振。

8.1.4　处理好企业市场地位和内在能力修炼的关系

建筑施工企业要想在激烈的市场竞争中持续生存、发展，就需要稳定的项目来源，不

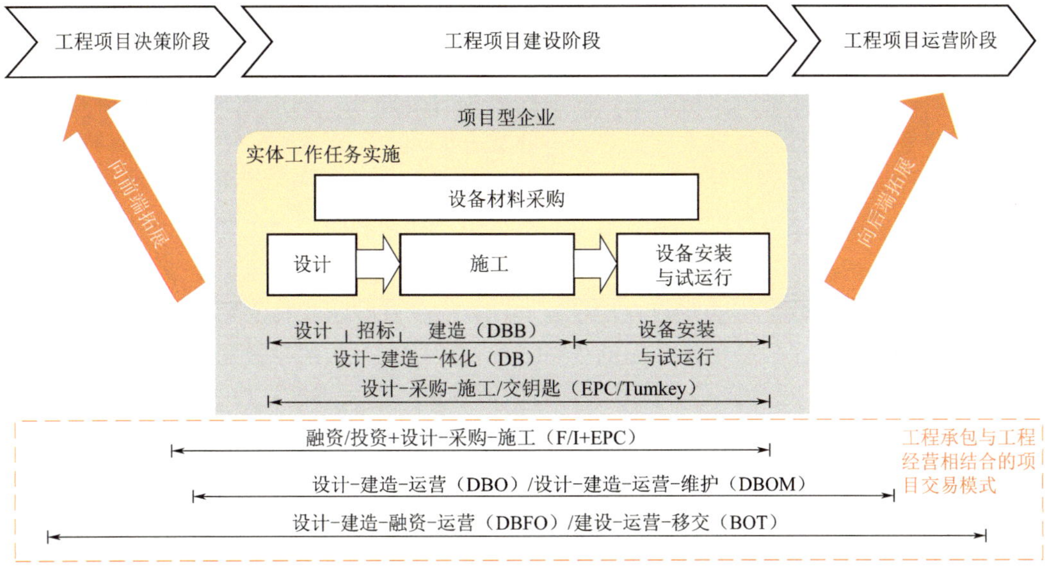

图 8-4 生产与经营相融合的模式探索

断强品牌、树标杆，不断增强自身核心竞争力，适时根据政策环境拓展业务领域，巩固其在业务领域内的地位。例如，某建筑施工企业作为全球领先的特大型基础设施综合服务商，主要从事交通基础设施的投资建设运营、装备制造、城市综合开发等，在大交通和大城市领域具有领先优势，未来应持续优化市场布局、项目群管理，牢牢把握优势业务，继续保持国际前列地位。

为稳固市场份额，提高市场竞争力和实现可持续发展，如图 8-5 所示，大型施工企业可以着重从建立价值共创命运共同体、不断降低市场开发成本和获取优质项目资源三方面部署相关工作。为顺利开展这几方面工作，首先，企业需要与合作伙伴、客户、政府、社区等各方建立紧密的合作关系，共同创造价值，实现互利共赢；其次，企业可通过技术创新，优化流程，加强内部管理和提高资源利用效率等方式降低开发成本；最后，企业需要深入了解市场需求，掌握市场动态，同时注重人才培养和团队建设，提高员工专业能力和创新能力，以获取更多优质项目资源。

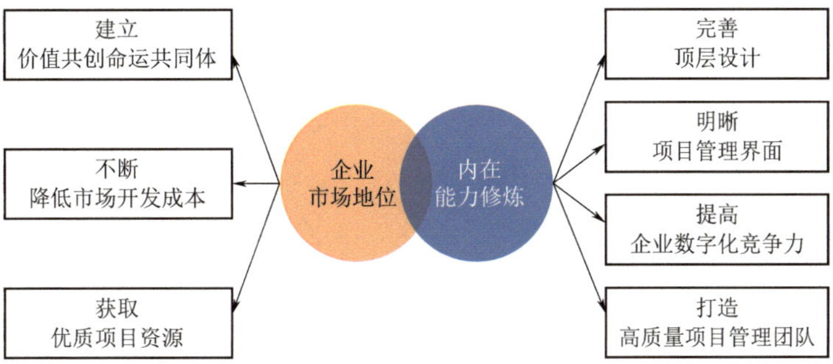

图 8-5 市场地位与能力修炼并重

鉴于项目是建筑施工企业的命脉，因此企业也必须不断修炼内在的项目管理能力，提升自身项目管理水平，这是稳固并扩大市场份额的根本。未来着重从完善顶层设计、明晰项目管理界面、提高企业数字化竞争力以及打造高质量项目管理团队等。完善顶层设计指的是围绕项目管理为核心内容，建立完善的企业、项目管理制度体系，强化管理制度多维度的衔接，形成横向协同，纵向穿透，简洁高效的管理路径，同时狠抓制度落地与执行，真正实现企业支撑项目、项目规范管理、不断磨合提升的管理成效。明晰项目管理界面指的是管办分离，分级管控，层层压实管理责任，既不存在管理真空，也不出现多头管理，企业总部、事业部、二级单位、三级单位、总承包部各司其职，制定针对性的项目管理体系文件，层层穿透至项目，保障项目管理质效。提高企业数字化竞争力是指在企业内部逐渐形成对全产业链的数字化管控能力，通过借助数字化管理系统将复杂的工程行为和数据简单化，借助数字化、信息化技术完成从项目规划设计到交付的全过程履约行为重塑，促进企业生产力提升[20]。打造高质量项目管理团队的途径见后续 8.2 所述。

8.1.5 处理好从人工到智能的转变

1. 向信息化转变

信息化则是指利用信息技术手段，对信息资源进行开发、利用和管理的过程，借以提高工作效率和管理水平。

信息化的核心在于构建整合业务系统，旨在将传统的线下手续全面转化为高效便捷的线上流程，从而实现纸质公文向电子文件的全面转变。这一转变不仅显著提升了工作效率，更使得相关人员能够实时掌握业务动态，从而做出精准及时的决策，推动组织向更加智能化、高效化的方向发展。

一般来说，围绕建设阶段的信息化包括三个内容：端、云、大数据。大数据主要解决多维分析、数据挖掘等问题；“云”承载项目进度、人工、材料、人员、安全管理等各业务条线的具体管理；“端”是指智能硬件，如移动应用、模型、智能测量、环境监控和现场设备监控。围绕这三个内容，逐步改变传统施工现场参建各方现场管理的交互方式、工作方式和管理模式，实现施工现场管理的信息化问题。

2. 向数字化转变

数字化，作为一场深度变革重构，旨在通过云计算、大数据、物联网及人工智能等前沿数字技术，构建出全感知、全场景、全智能的数字世界。

数字化是智能化的前提，通过数字化技术的应用和数据的分析为智能化提供可能。智能化是数字化的高级阶段，是数字化转型的最终目标之一，实现更高层次的自动化和智能化。

通过数字化工程建设及数字建筑，实现项目现场各场景的数字化、在线化与可视化管理，当今使用的数字化施工技术有 BIM、云计算、实景建模、人工智能等。

对于建筑行业而言，数字技术带来了新的工作方式，“AI”“虚拟技术”“3D 打印”“大数据”和“智慧城市”的概念突破界限。数字化施工管理通过建筑信息模型（BIM）和连接的数据环境，与早期的数字形式相比，通过 BIM 实现的数字孪生不仅仅是加速模拟流程，还可以推动核心项目管理实践的改进，从而减少项目延误。

3. 向智能化转变

智能化则是在数字化和信息化的基础上，通过应用人工智能技术，实现系统的自动化和智能化决策。

在智能化时代，我们可利用人工智能技术实现语音识别、图像识别、自然语言处理等功能，为人们的生活和工作带来极大的便利。智能化的精髓在于系统所具备的感知、分析、决策和执行的综合能力。

通过大数据处理技术、AI、人工智能等技术，辅助建筑施工管理，实现更安全、更高效、更精益的工地施工管理。例如，通过全景成像摄像机，直接对施工作业面的钢筋间距或直径等进行测量，实现自动抓拍、自动扫描，精度可达±1mm。

8.2　项目层面的项目管理未来展望

8.2.1　从人治到法治

建筑施工企业承揽的工程项目，具有天然的物理零散分布特征，这使得不同项目与企业总部的物理距离遥远，因此很有可能出现企业“手够不到”、监督效果不到位，项目管理依赖经营者组阁，出现人治的现象。因此，为保证各个项目的管理规范性，未来应加强项目层面的规范化管理。一方面可从规章制度的正式治理入手，即通过正式制度来约束项目管理行为。例如，企业可进一步梳理现有管理制度、程序和方法，优化升级标准化管理制度，为各项目管理提供便利的规章制度，同时应不断加强项目层面从项目经理到员工各级项目人员落实规章制度的意识，形成人人按章办事的意识。另一方面可从非契约的关系治理入手，努力使得企业和项目人员之间形成信任、默契和友好的长期合作关系，实现“人人为企业着想，人人自觉遵守企业章程”的项目文化，这可以有效防止正式治理中制度不完备、信息不对称和机会主义等问题的出现[21]。例如企业可通过建立有效的信息共享机制，促进双方间的理解和信任，并且还需注重培养项目人员的责任感和使命感，使其能够自觉地为企业利益和发展着想，积极参与项目管理，共同推动项目成功。

8.2.2　从割裂到集成

项目型企业围绕项目这一产品所形成的经营模式主要还是采用不同阶段设置不同团队主导的方式。这种方式可能导致责任和价值交付的割裂，为确保项目的高质量交付，各个团队应同时参与项目的市场开发阶段、项目实施阶段和项目质保阶段，从而实现过程、责任和价值交付的集成[22]。具体地，可以采用以下三种方式（图 8-6）实现集成。

（1）以开发、实施或质保团队为核心组建管理团队，跟进项目的每一个环节，协调三个阶段的矛盾和冲突，实现跨阶段管控，对项目全生命周期负责。

（2）增强不同团队的衔接，体现为后一个团队的提前进场与前一个团队的延迟离场，不同团队在工作时间与工作内容上实现搭接，例如在市场开发阶段结束前，实施团队提前参与，保证对项目开发阶段的成果有充分的了解，在实施项目时能充分满足业主的需求[23]。

（3）分层分级管控，从项目管理的组织角度出发，划分执行层、管理层与指导层三个层次，项目型企业与业主型企业分层分级沟通，实现横向协同决策[24]。上一层级对下一层级项目工作开展提供指导、建议、决策和授权，协调不同阶段内以及不同阶段间的矛盾和冲突，引领项目团队在不同阶段为满足业主需求这一共同目标而努力，保证项目活动顺

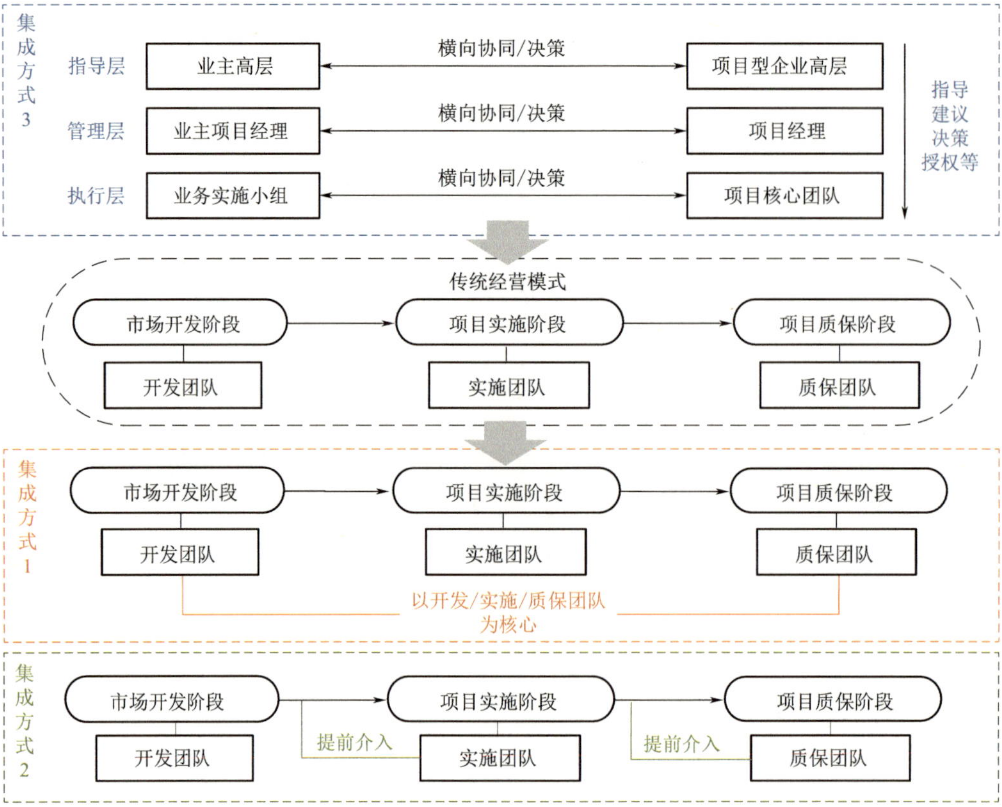

图 8-6 项目过程与团队的集成方式

利开展。在实际项目经营中，可综合采用上述三种集成方式，例如构建以开发团队为核心的项目管理团队同时采取提前介入的方式增强不同团队的衔接[25]。

8.2.3 从协同到共生

施工总承包管理模式的生态系统更多还是聚焦于施工总承包商内部单位的协同，在于打破内部壁垒。未来施工总承包商应提升组织开放性，打破外部边界，和相关企业形成更紧密的连接，构建各方优势资源和能量的共生系统。如图 8-7 所示，共生系统的构建需要三要素：共生单元、协同界面、关系模式以及共生环境[26]。项目层面跨组织共生系统的共生单元不仅包括施工总承包商及其下属公司，还涉及建设单位、供应商、政府部门以及咨询单位等。这些共生单元以一定的关系模式，通过各种共生界面，与共生环境相互作用生成共生能量的过程。共生的本质是协同，协同界面是共生单元之间接触方式和机制的综合，它是共生关系形成和发展的基础。项目层面跨组织的协同界面目的就是不断生成共生能量，提升项目交付质量，满足社会可持续发展需要，主要包括协同合作机制、跨组织激励机制以及数字化管理平台。协同合作机制指在共生单元之间构建跨单位跨部门联合工作组和双向沟通交流机制，从协同战略、协同运作和协同保障三个层次制定跨组织的协同合作规划和方案，促使核心利益相关者在实现单一目标的情况下实现项目利益最大化终极目标，实现协同效应。跨组织激励机制指主体组织通过利用激励方法（例如项目合同中约定的违约处罚条款）构建不同共生单元之间的激励机制，从最大化项目价值增值出发，通过提供均衡的控制目标协调激励策略使得其他组织在不同控制目标上合理分配自身的努力水平或资源，以此达到利益共享、风险共担的目的[27]。跨组织生态的基础是有效的信息交换，建筑施工企业应抓住数字化转型的时代脉搏，搭建数字化管理平台收集项目过程中的相关信息，及时、准确、真实、清晰地反映给项目管理者，实时掌握项目进展，指导企业合理分配资源，实现项目信息的标准化与全流程共享。共生单元之间的关系模式包括合同关系、协调关系、信息交换关系、绩效激励关系以及指令关系[28]。共生环境是指项目层面跨组织所面临的企业环境以及政策、经济、文化、自然等社会环境。

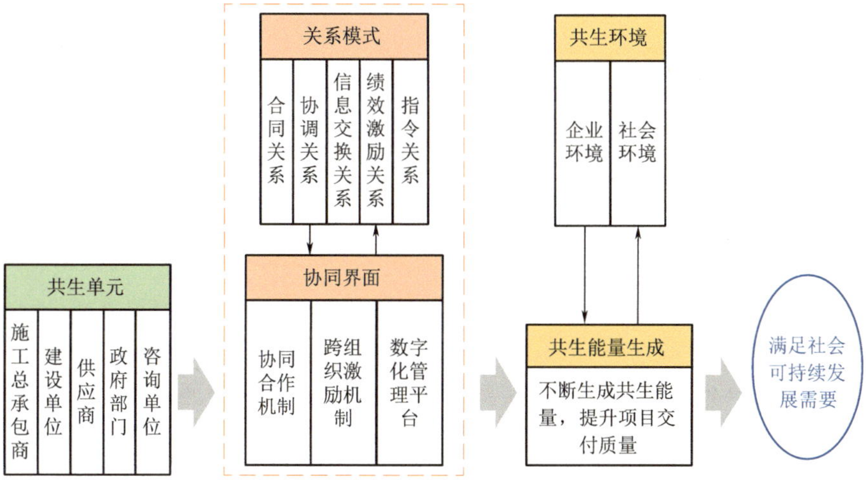

图 8-7　项目层面跨组织共生系统

8.2.4　从任务到学习

项目型企业传统的管理模式下，项目团队主要为完成工程项目建设任务而工作，即使在项目中获得了大量的知识，但这些知识通常在项目结束时丢失，企业很难在即将到来的项目中管理和利用积累的知识，如此无法适应外部环境不确定性的变化及竞争愈发激烈的市场环境。因此，建筑施工企业的项目管理团队应逐渐从被动完成任务向主动学习的学习型组织迁移，变被动为主动，发展快速学习能力，保持持久竞争优势。项目管理团队向学习型组织转化必须从培养适合于学习的组织意识、心智模式、思考能力入手（图 8-8），具体如下：

（1）培养超越意识，树立共同愿景：培养超越意识能够提供不断向上的驱动力，促使员工不断去学习、思考和创新，同时项目管理团队还需建立一种开放、共享的组织意识，鼓励团队成员交流与合作，打破部门和岗位界限，形成互相学习、互相帮助的氛围，并且培养共同愿景也能为学习提供焦点与能量。

（2）改善心智模式：组织学习的核心就在于心智模式的改善，项目管理团队需要引导员工将完成任务的心态转变为解决问题的心态，培养员工主动发现问题、分析问题和解决问题的能力。为培养个体创新思维和创新能力，员工可通过讨论、观察、谈判或模仿他人激活学习，从而改善心智模式，如果心智模式与认知事物发展的情况相符，则能有效地指

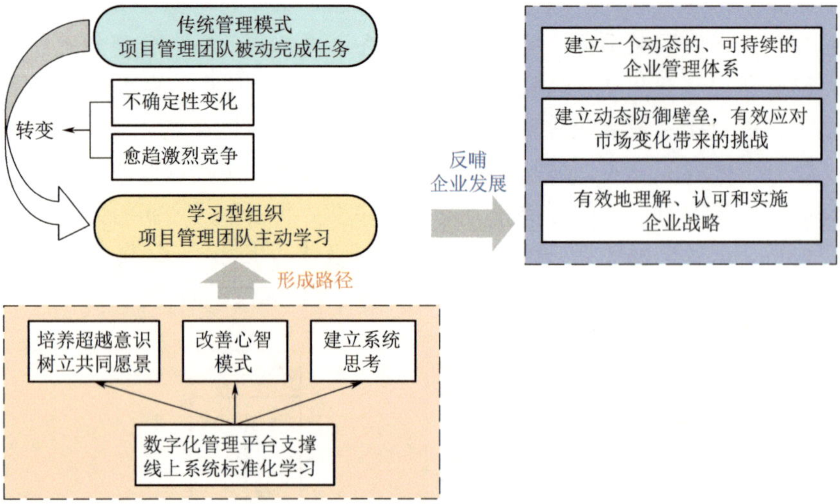

图 8-8 学习型项目管理团队构建

导行动，反之就会导致构想无法实现。

（3）建立系统思考。虽然每个项目存在较为明确的起始时间，但建筑施工企业以项目为产品，连续做一个一个的项目，从项目到项目构成了一个连续的系统，因此项目管理团队要建立系统思考意识，动态、长期、整体地思考问题。为了培养此种思考意识和能力需要建立在扎实的理论基础和实际经验基础之上，并通过不断学习和实践来提高。

最后，考虑到工程项目的距离分散等特殊性，可以依托企业数字化管理平台开发项目管理人员的数字化学习支撑平台，例如中兴通讯的“云端计划”，通过建立全面的数字化学习支撑平台、任务管控平台及数字化项目看板，促进组织和人员能力持续提升，同时实现项目数据和信息实时共享。构建学习型的项目管理团队也对企业发展起到良好的支撑作用，有助于建立一个动态的、可持续的企业管理体系[29]；可以促使企业建立动态防御壁垒，有效应对市场变化带来的挑战，建立可持续的竞争优势；此外企业战略可以在项目管理团队得到有效的理解、认可和实施[30]。

参 考 文 献

[1] 程刚，王影洁．项目型企业知识管理能力的模糊灰色关联评价研究 [J]. 情报理论与实践，2013，36 (1)：59-63.

[2] 石学勇，王金铭．企业项目化管理体系构建的探析 [J]. 项目管理技术，2010，8 (01)：84-88.

[3] 张水波，何伯森．工程建设“设计一建造”总承包模式的国际动态研究 [J]. 土木工程学报，2003，36 (3)：30-36.

[4] 张金柱，赵立青．城市轨道交通投融资模式创新实践 [J]. 经营与管理，2024 (01)：6-12.

[5] 黄群慧．实施“精细化改革战略”——明确国有企业的组织使命与定位 [J]. 中国党政干部论坛，2007 (10)：24-26.

[6] 李洁，张彦红，陈光辉．地铁大标段施工总承包项目管理模式分析——以南京地铁 D7TA02 标段为例 [J]. 建设科技，2019 (20)：93-96＋108.

[7] 丁士昭．工程项目管理（第二版）[M]. 北京：中国建筑工业出版社，2014.

[8] 张大春．论城市轨道交通工程实施精细化管理途径与方法 [J]. 江苏城轨论坛，2022 (3)：3-5.

[9] Lundrigan，C，Gil，N，PuranamP. (2015) . The (under) performanceofmega-projects：Ameta-organizationalperspective [J]. AcademyofManagementProceedings，1，11299.

[10] NIETO-RODRIGUEZA. TheProjectEconomyHasArrivedUsetheseskillsandtoolstomakethemostofit [J]. HarvardBusinessReview，2012，99 (6)：38-45.

[11] 刘连飞．浅谈建筑施工污染对环境质量造成的影响 [J]. 清洗世界，2021，(10)：89-90.

[12] 李小冬，沈诚，王剑．大型建筑施工企业职业健康管理状况调研 [J]. 中国安全科学学报，2013，23 (03)：155-160.

[13] 汪法频，张彬．撑起“孙子辈”长大的天空：建筑施工企业项目经理生存状态调查 [J]. 建筑，2010，(9)：6-11.

[14] 史青，郝婷婷，张国风．领导授权赋能对员工工作投入的影响路径研究 [J]. 大连民族大学学报，2023，25 (06)：493-500.

[15] 徐鑫，王蕾，李芳等．基层管理者赋能体系构建初探——基于心理授权四维度模型的分析 [J]. 领导科学，2020，(22)：79-82.

[16] 邓正，朱正浩．集团化企业管控体系研究——以某大型国有通信企业集团为例 [J]. 浙江工商职业技术学院学报，2018，17 (03)：4-9.

[17] Thomas，K. W.，& Velthouse，B. A. (1990). Cognitive elements of empowerment：An “interpretive” model of intrinsic task motivation [J]. Academy of Management Review，15 (4)：666-681.

[18] 李慧．变革型领导对员工工作绩效的影响研究 [J]. 现代商贸工业，2024，45 (01)：95-97.

[19] 李英．国有大型建筑施工企业市场经营战略研究——以中国二十二冶集团有限公司为例 [J]. 河北企业，2012 (03)：18.

[20] 张静晓，赵飞叶，李慧等．建筑企业数字化竞争力提升研究 [J]. 建筑经济，2023，44 (12)：93-98.

[21] 孙华，魏康宁，丁荣贵．“互补”还是“替代”？—关系治理．正式治理与项目绩效 [J] 山东大学学报（哲学社会科学版），2015，06，111-121.

[22] 廖伟，宁延．项目型企业的集成交付模式研究 [J]. 项目管理技术，2023，21 (08)：71-75.

[23] 孙晓冷．项目管理团队建设研究 [J]. 西部探矿工程，2023，35 (06)：187-190.

[24] 汪亚男．AB公司项目组织与团队管理研究［D］．西南交通大学，2018.

[25] 赖苑苑，王佳伟，宁延．基于数据价值链的项目型企业数字化转型路径研究——以华为ISDP变革为例［J］．科技进步与对策，2023，40（02）：69-79.

[26] 赵曼丽．从协同到共生：农村公共服务供给的理论构建与超越［J］．江海学刊，2013，（03）：213-218+239.

[27] 唐悦，叶广宇．跨组织知识管理综述［J］．财会月刊，2020（05）：109-115.

[28] 焦媛媛，付轼辉等．全生命周期视角下PPP项目利益相关者关系网络动态分析［J］．项目管理技术，2016，14（8）：32-37.

[29] Rebelo，T.，Lourenco，P. R.，&Dimas，I. D.（2022）. Guest editorial［J］. The Learning Organization，29（1），1-5.

[30] DeGroot，B.，Leendertse，W.，&Arts，J.（2022）. Learning across teams in project-oriented organisations：The role of programme management［J］. The Learning Organization，29（1），6-20.